Ingrid Noll

Tea Time

ROMAN

Diogenes

Covermotiv: Cosmopolitan Magazine Cover, USA, 1910s
Foto © The Advertising Archives / Bridgeman Images

Der Diogenes Verlag wird vom Bundesamt für Kultur
für die Jahre 2021–2024 unterstützt

Inhalt

1

Macken, Spleens und Schrullen

Jahrelang kannte bloß meine Schwester den wahren Grund für meinen Tick. Ich konnte nämlich nur einschlafen, wenn ich mich in meine Bettdecke wie in einen strammen Kokon einwickelte. Unter keinen Umständen durfte ein Fuß oder gar ein Unterschenkel ungeschützt herausragen. Sollte ich es doch einmal vergessen, würde ein rot gekleideter Henkersknecht mit einem Beil auftauchen und mir meine freiliegenden Gliedmaßen einfach abhacken. Während die meisten Deutschen die festgestopfte Steppdecke in Hotelbetten wieder etwas lockern, war es mir gerade so am liebsten. Ich überlegte sogar, ob ich mir nicht einen engen Mumien-Schlafsack anschaffen sollte, worin ich mich wie ein russisches Wickelkind geborgen fühlen konnte. Es ist mir daher auch völlig unverständlich, wie es andere Menschen stundenlang zu zweit unter einer Decke aushalten.

Ich war damals etwa neun, meine Schwester elf. Es hört sich sicher merkwürdig an, aber wir waren bisher noch nie am späten Abend allein gewesen. Erst als meine Großmutter in ein Pflegeheim umsiedeln musste, kamen wir in diese Situation. Unsere Eltern hielten es für selbstverständlich, dass wir auch ohne Aufsicht für ein paar abendliche Stunden uns selbst überlassen blieben; notfalls waren sie ja telefonisch erreichbar. Wir taten ebenfalls so, als seien wir längst erhaben über Räubermärchen oder furchterregende Gespenstergeschichten.

Im Fernsehen fanden wir zunächst nur langweilige Sendungen, bis wir schließlich auf eine Doku über entführte Kinder stießen. Vor vielen Jahren wurden die minderjährigen Töchter einer deutschen Journalistenfamilie während eines Italienurlaubs gekidnappt. Die Lösegeldforderungen, die diplomatischen Verwicklungen und die schwierigen Verhandlungen mit den Gangstern interessierten uns weniger, wir verfolgten mit viel größerem Interesse die Aufregung und das Leid der Eltern. Ob unsere Erzeuger, die uns heute so schnöde allein gelassen hatten, ebenso unglücklich wären und ihr letztes Hemd für unsere Befreiung hergeben würden?

»Was meinst du, Nina, sollen wir sie mal testen?«, fragte meine Schwester, und wir beschlossen, unseren Eltern einen Denkzettel zu verpassen, beziehungsweise einen gehörigen Schrecken einzujagen. Auf dem Dachboden gab es eine Kammer mit Gerümpel, hinter einem ausgedienten Schrank deponierten wir die Polster eines zweisitzigen Sofas. Dort sollte ich mich über Nacht und möglichst auch noch länger versteckt halten. Dann schnitten wir Buchstaben aus der Zeitung aus und bastelten einen nach unserem Wissensstand professionellen Erpresserbrief, in dem wir eine horrende Summe für unsere Freilassung forderten. Da zu erwarten war, dass die Eltern nach ihrer Rückkehr noch einen Blick auf ihre schlafenden Kinder werfen würden, ließen wir unter meiner Bettdecke einen Strumpf hervorlugen und deponierten das Haarteil unserer Mutter auf meinem Kopfkissen. Schließlich malten wir uns die Verzweiflung unserer Eltern genussvoll aus und waren hochzufrieden mit unserer Strafmaßnahme. Obwohl ich mich auf dem kalten Dachboden etwas ängstigte, bin ich schließlich doch eingeschlafen.

Leider kam es anders; meine Schwester hatte am nächsten Morgen dem mütterlichen Verhör nicht lange standgehalten. Irgendwann hörte ich wie im Traum die Stimmen meiner Eltern. Bevor ich noch richtig wach war, stand mein Vater vor meinem Lager und sagte: »Diese bleichen Flossen sind natürlich ebenso eine Attrappe wie die Perücke in Ninas Bett. Gut, dass Opas Axt hier noch herumliegt, jetzt werde ich gleich mal kräftig zuschlagen, um der blöden Schaufensterpuppe die hölzernen Beine abzuhacken!«

Schreiend fuhr ich hoch, unsere Eltern lachten sich fast krank. Irgendwann fand ich es wichtig, dieses peinliche Erlebnis meiner besten Freundin Franziska zu beichten. Vielleicht würde sie mich und meine Macke dann besser verstehen, denn sie tickt ja selbst nicht ganz richtig.

»Mein Gott, Nina, ich wusste zwar schon längst, dass du ein wenig spinnst, aber unter Klaustrophobie scheinst du nicht gerade zu leiden«, sagte Franzi. »Ich werde bereits bei dem Gedanken fast wahnsinnig, man könnte mich in einer Zwangsjacke festzurren! Ich kriege ja schon Platzangst in einem vollbesetzten Lift! Mein Alptraum wäre es, halbtot in einen Teppich eingerollt zu werden.«

Teppiche haben für meine Freundin eine ganz spezielle Bedeutung. Aber sie hat recht, kleine und enge Räume sind mir wesentlich lieber als riesige Säle.

Franzi und ich hatten zwar früher die Parallelklassen desselben Gymnasiums besucht, aber damals hatten wir uns kaum beachtet. Erst als uns der Beruf in die gleiche Stadt verschlug, begann eine vorsichtige, aber stetig wachsende Freundschaft. Richtig eng wurde unsere Beziehung erst durch ein schreckliches Erlebnis, ein gemeinsames Geheimnis, von dem niemand etwas erfahren sollte.

Als ich vor einiger Zeit nach Weinheim zog, sorgte Franzis Bruder anfangs für eine leichte Verstimmung, weil er eine Zeitlang hinter mir her war. Meine Freundin hätte es wahrscheinlich nicht ungern gesehen, wenn ich ihn erhört hätte, aber ich fand diesen Alexander zwar gutaussehend und lustig, aber trotzdem nicht sympathisch. Nachdem ich ihn wiederholt abgewimmelt hatte, spielte er die beleidigte Leberwurst und versuchte sogar, mich bei seiner Schwester madig zu machen, was ihm aber nicht gelang. In Anlehnung an einen alten Filmtitel nannte er uns »die Hochmütigen«. Er fand es geradezu abartig, dass Männer für uns anscheinend nicht das zentrale Thema waren. Vor allem hätte er aber mehr Dankbarkeit von mir erwartet, weil ich ihm mein neues Domizil verdankte.

Durch seine Vermittlung wohnen Franzi und ich nämlich im selben alten Fachwerkhaus, allerdings in verschiedenen Stockwerken. Es war ein Glücksfall für uns, dass der alte Besitzer verstarb und dessen nun leerstehende Zimmer vom Erben rasch vermietet werden sollten. Dieser Neffe lebte im Ausland, kannte sich mit hiesigen Preisen und der zentralen Lage am Marktplatz nicht aus und war bloß froh, sich nicht um die unbekannte Immobilie kümmern zu müssen. Obwohl das Gebäude etwas heruntergekommen ist, kann man es durchaus als Sahneschnittchen bezeichnen. Und wenn nicht ausgerechnet Franzis Bruder der zuständige Makler gewesen wäre, hätten wir nie hier einziehen können. Ein sachkundiger Eigentümer hätte das Objekt nämlich an einen geschäftstüchtigen Investor verkauft, der das Gebäude aufwendig renoviert und in Luxusappartements oder ein Restaurant mit Gästezimmern verwandelt hätte.

Hier am Weinheimer Marktplatz sammeln sich im Sommer Touristen und Einheimische, um unter japanischen Schnurbäumen Eis zu essen, Wein zu trinken und den lauen Abend in heiterer Gesellschaft zu verbringen. Deswegen ist es gerade an den Wochenenden bis in die späte Nacht hinein ziemlich laut, doch wofür gibt es Ohrstöpsel. Wenn ich aber an einem grauen Novembertag morgens die alten grünen Fensterläden öffne und hinausblicke, ist es ruhig und still. Nebel liegt über der fernen Burg, ein paar Saatkrähen haben sich verirrt und kreisen um den Roten Turm, der noch von der ehemaligen Stadtmauer übriggeblieben ist. Ich wohne im Dachgeschoss, Franzi im ersten Stock. Neben ihr gibt es eine etwas größere Wohnung, in der eine spanische Familie mit drei Kindern lebt. Außerdem soll ein sogenannter einsamer Wolf hier leben, ein angeblich durchgeknallter Typ und freier Mitarbeiter einer wissenschaftlichen Zeitschrift. Im Erdgeschoss befindet sich ein Buchladen, dort kaufen Einheimische ihre Lektüre und Touristen bunte Ansichtskarten, Souvenirs sowie Rätsel- und Sudokuhefte.

Es war lustig für uns beide, so nah beieinander zu wohnen, so manchen Abend gemeinsam zu verbringen und dabei ausgiebig über unsere Freundinnen und Feindinnen, Chefs und Kollegen, über unsere Eltern, über attraktive oder gemeine Männer oder über Gott und die Welt zu reden. Auch über unsere eigene Befindlichkeit, unsere Sehnsüchte, Schwächen und Stärken.

Franziska leitet ihre Macke von ihrem Namen ab, denn sie wurde von klein auf *Franzi* genannt. Hätte man sie Klara oder Amelie getauft, wäre sie niemals eine Fransenspezialistin geworden, wie sie allen Ernstes behauptet. Manchmal kann es schon ein wenig peinlich werden, wenn man gemeinsam mit Franziska eine fremde Wohnung betritt – einmal war es sogar bei einer Schlossführung –, wo

Orientteppiche ausgelegt sind. Mit Adleraugen sieht sie sofort, wenn sich die Fransen in liederlichem Zustand befinden, also nicht akkurat und kerzengerade nebeneinander liegen. Schon zieht sie einen breitzinkigen Kamm aus der Tasche, kniet nieder und macht sich an die Arbeit. Sie kann sich richtig aufregen, wenn ein Teppich immer wieder von einer aufgehenden Tür gestreift wird und die Fransen an dieser Stelle mehr oder weniger abgesäbelt werden. Die Bezeichnung *ausgefranst* ist für sie eines der gemeinsten Schimpfwörter.

Natürlich gönne ich ihr das Vergnügen der Instandsetzung von ganzem Herzen, ja ich sorge in meinen beiden Zimmern absichtlich für verzottelte Fransen, wenn ich Franzi erwarte. Die Liebe geht allerdings nicht so weit, dass ich den von ihr verabscheuten Teppichboden im Flur herausreiße und durch einen Perser ersetze.

Aber da Franziska sowieso nicht überall auf liegende Beute trifft, spürt sie auch handgestrickte Schals auf, die irgendeine Großmutter irgendwann mit Quasten versehen hat, ebenso das quadratische Seidentuch von Tante Karin, die mir das bildschöne Stück vor Jahren aus Sevilla mitgebracht hatte. Der Mantón de Manila ist ein gefundenes Fressen für Franzi, denn seine Fransen sind zwanzig Zentimeter lang. Ich habe das edle Stück über einen kleinen

Tisch gehängt. Bei ihren Besuchen zieht sich Franzi sofort einen Stuhl heran und legt los. Einmal wollte sie auch über meine Ponyfrisur herfallen, da die Haare durch einen kleinen Wirbel immer etwas unregelmäßig abstehen. Aber in diesem Fall kenne ich keine Gnade, meiner Meinung nach darf sie sich mit ihrer Teppichharke nicht an Menschen vergreifen, in Ausnahmefällen vielleicht an einem zotteligen Hund.

Franziska überlegt allen Ernstes, ob sie ihren Brotberuf – Schulsekretärin – aufgeben und sich als Teppichrestauratorin ausbilden lassen soll. In den nächsten Sommerferien will sie probeweise ein Praktikum in einer Fachwerkstatt absolvieren, wo nicht nur Fransen, sondern auch Kanten, Risse und Mottenlöcher mit authentischem Material repariert werden. Vor allem würden mit Nadel und Zange neue Kettfäden durch die intakten Knoten gezogen, defekte Fransen entnommen und neue geknüpft. Ich konnte bloß den Kopf schütteln, weil mich ein solches Handwerk so gar nicht reizen konnte.

»Du spinnst«, hatte ich mehr als einmal zu Franzi gesagt, aber sie behauptet, ich stünde ihr in nichts nach. Irgendwie hat sie ja recht, denn ich habe auch eine etwas ausgefallene Leidenschaft, die ihr wiederum auf den Wecker fällt: Ich fotografiere Kräuter. Und zwar nur selten in Parks und botanischen Gärten, um Hobbygärtner mit der Materie vertraut zu machen, sondern weil ich mickrigen, verkrüppelten Pflänzchen am Rande einer Asphaltstraße oder zwischen Gehwegplatten ihre Würde wiedergeben möchte. Die Bezeichnung ›Unkraut‹ ist ja inzwischen verpönt, darüber bin ich glücklich. Löwenzahn, Gänseblümchen und Klee sind in meiner Sammlung zwar am häufigsten vertreten, aber inzwischen habe ich auch ganz seltene Arten entdeckt und mich bemüht, ihren botanischen Namen zu erfahren. Schon der Dichter Joachim Ringelnatz hatte Mitleid mit einem *armen Kräutchen* zwischen Bahngleisen, das immer nur Züge und niemals einen Dampfer zu Gesicht bekam. Ein besonders gelungenes Foto habe ich sogar in einer lokalen Zeitung untergebracht.

Vielleicht kann man es ja auf die Gene schieben, dass ich trotz meines noch jugendlichen Alters schon ein wenig schrullig bin. Meine Tante Karin ist eigentlich eine patente Frau, inzwischen Rentnerin, aber früher eine tüchtige und beliebte Bibliothekarin, zweimal geschieden und trotzdem alles andere als eine Männerfeindin. Ihre Kinderlosigkeit war nie ein Thema.

Mit sechsundsechzig Jahren, als sie ihren Ruhestand schon seit Monaten für einen Glücksfall hielt, Städtereisen unternahm und Kurse in der Volkshochschule besuchte, entdeckte sie einen Zeitungsartikel über künstlerisch gestaltete Babypuppen aus Vinyl, die durchaus einen stattlichen Preis hatten. Sie bestellte sich ein kleines Mädchen, das in Größe und Gewicht einem echten Baby glich, Flaumhärchen auf dem Kopf hatte und geradezu danach schrie, in den Arm genommen zu werden. Wenn sie ihr allerliebstes Kindchen bloß zur Sofa-Dekoration eingesetzt hätte, würde ich es milde lächelnd akzeptieren. Über Geschmack soll man bekanntlich nicht streiten. Aber sie benimmt sich wie ein kleines Mädchen, das Mutter und Kind spielt: Die Puppe wird gebadet, gewickelt, angezogen, in ein Hochstühlchen gesetzt und gefüttert, ins Bettchen gebracht und sogar in einer Babyschale im Auto mitgenommen. Die gesamte Ausstattung ist vom Feinsten und wurde nicht etwa beim Discounter, sondern in den teuersten Boutiquen gekauft. Mit diesem seltsamen Hobby ist Tante Karin jedoch kein Einzelfall, vor allem in den USA gibt es anscheinend gar nicht so wenige Frauen, die sich ein sogenanntes Reborn-Baby zugelegt haben. Ob es nun aus therapeutischen oder verspielten Zwecken geschieht oder gar zwanghafte Züge annimmt, kann ich nicht beurteilen. Tante Karin erklärt ihr

Hobby einfach damit, dass sie sich immer gern um andere gekümmert hätte. Ein Haustier käme wegen einer Allergie leider nicht infrage.

Als ich Franzi von meiner Tante erzählte, war sie begeistert. »Diese Frau würde ich gern mal kennenlernen, schade, dass sie in Frankfurt lebt. Aber ich nehme an, dass fast jeder irgendeinen Spleen hat, wenn man hinter die Fassade schaut. Oder mindestens eine besondere Fähigkeit, die man nicht erwartet.«

Diese besondere Fähigkeit besitzt sie natürlich selbst. Franziska kann nicht nur in Spiegelschrift – von rechts nach links – schreiben, sondern auch ganze Sätze nach Gehör rückwärts sprechen. Als ich sie auf die Probe stellte und ihr zum Beispiel folgende Aufgabe gab: »Ich kann diese Zeilen ohne weiteres von hinten aufsagen«, begann sie zwar ganz langsam, aber ohne Unterbrechung: »Negasfua netnih nov seretiew enho neliez eseid nnak hci!« Es klang wie eine fremde slawische Sprache und hinterließ einen bleibenden Eindruck. Wenn sie allerdings ganz entspannt ist, spricht sie gern wie die Schüler, mit denen sie täglich zu tun hat, dann ist sie »geflasht«, und alles ist ganz »easy«.

Es machte uns immer wieder Spaß, bei einem Glas Wein über unsere Macken, seltenen Begabungen oder sonstigen Zwangsneurosen zu reden und uns gegenseitig mit Absonderlichkeiten zu überbieten. Schließlich waren es Beweise unserer Einmaligkeit und Individualität. Zum Beispiel suche ich mir immer einen sogenannten Alpha-Platz, wo ich mit dem Rücken zur Wand sitzen kann. Es ist mir unerträglich, wenn sich hinter mir etwas zusammenbrauen könnte. Falls es nicht anders geht, kann ich nicht ruhig verharren, sondern muss mich ständig umdrehen und die Aktivitäten hinter mir kontrollieren. Und ich kann noch mit einem weiteren Spleen aufwarten: Von Kindheit an habe ich die Predigt meiner Eltern im Ohr: *Erst die Arbeit, dann's Vergnügen*. Obwohl mein Vater diesen Satz wahrscheinlich ganz anders gemeint hat, mache ich mich beim Essen zuerst über die Kartoffeln her, dann über das Gemüse, und erst am Schluss kommt das Fleisch oder der Fisch an die Reihe. Das sieht natürlich etwas unkonventionell aus, Feinschmecker und Anstandsdamen rümpfen die Nase. Schon meine Schwester hatte mich umerziehen wollen und mir empfohlen, zuerst das Beste zu verzehren, damit man es mir nicht mehr wegnehmen könne. Außerdem sei meine Methode absolut sinnlos, denn wenn man schon fast satt sei, könne man das Beste überhaupt nicht mehr genießen. Einig waren wir uns nur in einem Punkt: Fleisch war das Beste.

»Wow«, sagte Franzi, »ich sehe schon, du willst mich übertrumpfen. Aber sind wir wirklich etwas Besonderes? Ich kenne zwei Lehrerinnen in meiner Schule, die durchaus einen Knall haben, aber Eva und Corinna funktionieren im Alltag tadellos. Es wäre great, wenn man mal ein Forschungsprojekt starten würde, um die Häufigkeit solcher Macken etwas genauer zu untersuchen.«

In unserer Begeisterung öffneten wir eine zweite Flasche Prosecco, und aus dieser Sektlaune heraus beschlossen wir, den Klub der Spinnerinnen zu gründen.

Es war im wahrsten Sinn des Wortes eine Schnapsidee.

2

Die Schnapsidee

Inzwischen sind wir sechs Klubschwestern: Franzi und ich, die Lehrerinnen Corinna und Eva, außerdem Jelena und Heide, die im Supermarkt und bei der Stadtverwaltung angestellt sind.

Frauen mit einer handfesten Neurose wollten wir in unserem Klub natürlich nicht aufnehmen, Zähl- und Händewaschzwang hatten bei uns keine Chance. Originelle und lustige kleine Macken sollten als Voraussetzung für die Mitgliedschaft gelten. Auch ausgefallene Berufe, mit denen man jedoch seinen Lebensunterhalt verdient, gehören nicht dazu. Zum Beispiel habe ich Evas gelehrte Halbschwester ablehnen müssen, weil sie nichts anderes als einen etwas merkwürdigen Fachartikel über Traufkinder nachweisen konnte. Sie erklärte ausführlich, dass es sich um ungetaufte Babys handelte, die früher nicht in geweihter Erde begraben werden durften. Die Vorstellung, dass ihre Kinder in der Hölle schmoren müssen, war für die armen Eltern kaum zu ertragen. Deswegen ersann man allerhand listige Alternativen. Eine davon war die geduldete Bestattung unter der Regenrinne einer Kirche, denn das Wasser aus der Traufe sollte als Ersatz für die Taufe dienen. Archäologen finden noch heute die Skelette neu- oder totgeborener Kinder rund um altes Kirchengemäuer. Das waren zwar interessante und uns neue Tatsachen, doch untauglich für die Aufnahme in unseren Klub. Den wahren Grund für meine Ablehnung habe ich allerdings für mich behalten: Ich mochte Eva nicht besonders, und ihre Schwester war mir unheimlich. Immerhin kam ich dadurch auf die Idee, meiner Tante Karin dringend zur Taufe ihrer Babypuppe zu raten. Ich wollte gern Patin werden und meinen Vornamen *Nina* zur Verfügung stellen.

Meine Klubfreundinnen finden zwar, dass man auch mein Hobby nicht direkt als Spleen bezeichnen sollte, sondern fast als Wissenschaft, aber ich war schließlich die Gründerin, und keine hatte etwas dagegen, wenn ich meine *Arm-Kräutlein-Fotos* herumzeigte und ausführlich kommentierte.

Im Gegensatz zu meinen sind Jelenas Objekte nur minutenlang am Himmel zu sehen. Sie kann aus Wolkenformationen die Zukunft vorhersagen und tut es manchmal sogar für ein bisschen Geld, obwohl es natürlich nicht ihr erlernter Beruf ist.

Ebenso wie ihre okkulten Kolleginnen – also Kartenlegerinnen, Kaffeesatz- und Handlinienleserinnen oder Wahrsagerinnen mit und ohne Glaskugel – ist sie im Grunde eine ausgezeichnete Psychologin und kann die geheimsten Wünsche ihrer Kundschaft an ihrem Mienenspiel ablesen. Aber sie glaubt selbst an ihre einmalige Gabe, was sie von zwielichtigen Betrügerinnen unterscheidet. Ihre freundlichen Vorhersagen beruhigen im Allgemeinen und regen sogar ihre Kundschaft zu eigenen Aktivitäten an. Und ich muss gestehen, seit sie mir anhand eines bizarren Wolkengebildes einen unerwarteten Erfolg vorhergesagt hatte – der dann tatsächlich auch bei der Veröffentlichung meines Fotos eintraf –, hielt ich ihr esoterisches Gewerbe nicht mehr für reinen Humbug.

Wir beide sind aber die Einzigen, die sich mit einem Naturphänomen beschäftigen, unsere Vereinsschwestern ticken anders.

Natürlich haben alle sechs Klubschwestern noch ganz spezielle Eigenheiten oder eher Fähigkeiten und Begabungen, die sie vom Durchschnitt unterscheiden. Heide kann mit den Ohren wackeln, Jelena nur eine einzelne Augenbraue hochziehen, die schlangengleiche Eva verschränkt in liegender Position ihre Füße hinterm Kopf.

Lange gab es eine kontroverse Diskussion, ob

wir die mit Franzi befreundete Mathelehrerin in unseren Klub aufnehmen sollten. Es handelt sich in Corinnas Fall allerdings nicht um eine Voyeurin, die fremde Paare beim Sex beobachtet, sondern um Anfälle ihrer extremen mitmenschlichen Anteilnahme bei überentwickelter Neugierde. Die auf den ersten Blick eher konservativ wirkende Lehrerin bespitzelt wildfremde Familien oder Paare beim abendlichen Essen, Fernsehen oder Spielen. Es gelingt ihr allerdings nur, wenn ihre Opfer einen Garten oder Hinterhof besitzen, im Parterre wohnen und auf keinen Fall einen Hund haben. Es klappt natürlich auch nicht, wenn Gardinen zugezogen oder Rollläden heruntergelassen sind. Mindestens einmal pro Woche geht sie auf die Pirsch, schleicht sich durch dunkles Gebüsch, versteckt sich hinter Bäumen und kann amüsant oder auch anrührend von den überwachten Personen erzählen. Anscheinend ist es eine hohe Kunst, sich so geschickt in fremden Gärten zu positionieren, dass man nicht vom Lichtkegel getroffen und entdeckt wird. Corinna besucht meistens die gleichen Menschen, weil nur wenige Wohnungen für ihre Observationen geeignet sind. Natürlich ist es Ehrensache, dass sie keine Namen nennt und auch wir ihre Geschichten für uns behalten. Trotzdem habe ich in einem Fall erraten, um wen es sich handelte: Es war nämlich meine Chefin mit ihren schrecklichen Kindern und einem neuen unsympathischen Partner. Seltsamerweise wohnt sie nämlich auch in Weinheim, obwohl sich unsere Apotheke in einer Nachbargemeinde befindet. Ich war aber klug genug, meine Klappe zu halten, um immer wieder den neuesten Klatsch über die blöde Kuh zu erfahren.

Bei meiner unsympathischen Vorgesetzten, die in unserer Apotheke großmäulig für Nahrungsergänzungsmittel wirbt, kommt wohl regelmäßig minderwertiges Fast Food auf den Tisch, wie ich von Corinna wusste. Und die Tischmanieren ihrer Kinder lassen angeblich sehr zu wünschen übrig, was ich allerdings nicht kritisieren will. Wer im Glashaus sitzt, sollte lieber nicht mit Steinen werfen. Doch Corinnas Beobachtungen belustigten mich so sehr, dass ich am liebsten einmal mitgekommen wäre.

Corinna lehnte meine Bitte um einen nächtlichen Besuch bei besagter Familie ab, weil es dort nur einen einzigen Baum gebe, hinter dem gerade mal sie selbst Platz fände. Stattdessen machte sie mir aber einen weniger riskanten Vorschlag. Es handele sich um das sehenswerte Anwesen reicher Leute, die sie schon oft und gern beobachtet hatte und die jetzt im Urlaub seien. Wenn wir Lust hätten, würde sie uns in den dunklen Garten einschleusen, denn eine kleine Seitenpforte sei nie abgeschlossen und dank einer Zeitschaltuhr seien Wohn- und Esszimmer stets von Anbruch der Dunkelheit bis Mitternacht beleuchtet. Dann könnten wir uns in Ruhe und völlig gefahrlos anschauen, wie man in gehobenen Kreisen eingerichtet sei. Wer könnte so einem Angebot widerstehen! Fernsehen live! Wir Klubschwestern waren allesamt nicht gerade vermögend, ja eine sogar fast so arm wie die berühmte Kirchenmaus, und gerade Jelena interessierte sich sehr für Königshäuser und Medienstars.

Es war Anfang September, die Sonne ging gegen acht Uhr unter, dunkel war es dann aber noch längst nicht. Kurz vor elf wollten wir uns in den fremden Garten schleichen, allerdings nicht vollzählig, denn das könnte auffallen. Von unserer Wohnung am Marktplatz bis zum Villenviertel im Süden der Stadt war es nur ein Katzensprung. Das besagte Haus lag in einer ruhigen Nebenstraße, wo zwar wenig Verkehr herrschte, wo man andererseits aber auch eher bemerkt werden könnte als in einer Straße mit Läden und Gasthäusern. Also starteten vorerst nur drei unscheinbar gekleidete Frauen in dunklen Sneakers. Die anderen wurden auf ein nächstes Mal vertröstet.

Franziska war die Dritte im Bunde und erspähte im fremden Wohnzimmer sofort einen rot gemusterten marokkanischen Teppich mit besonders langen Fransen. Wie ein edler antiker Perser sah das Objekt ihrer Begierde allerdings nicht aus.

»Da muss ich ran«, sagte sie. »Wie sieht das denn aus! Das kann ich ja kaum ertragen! Einen solchen Kuddelmuddel hätte ich bei angeblich reichen Leuten nie erwartet! Here we go!«

»Jetzt spinnst du aber einen Tick zu viel«, sagte ich, »wir sind doch keine Einbrecher! Wir müssten schließlich ein Fenster oder gar die Glasscheibe der Verandatür zertrümmern, was meinst du, was das für einen Lärm macht! Da wird doch die gesamte Nachbarschaft aufgeschreckt! Außerdem haben reiche Leute mit Sicherheit eine Alarmanlage.«

»Nein, haben sie nicht, aber Nina hat im Prinzip recht, sie haben bestimmt andere Sicherheitsvorkehrungen«, sagte Corinna. »Aber ich wüsste schon, wie man trotzdem …«

»Na sag schon«, quengelte Franzi. Hocherfreut erfuhr sie schließlich, was die neugierige Lehrerin beobachtet hatte.

»Einmal war ich hier, als die ganze Familie ausgeflogen war, wahrscheinlich waren sie im Theater oder eingeladen. Gerade als ich frustriert wieder abhauen wollte, kam der älteste Junge ganz allein zurück, öffnete das seitliche Pförtchen und flitzte in den Garten; ich konnte gerade noch rechtzeitig hinter einem Busch verschwinden. Der Teenager hatte offensichtlich seinen Hausschlüssel vergessen und kannte für solche Fälle ein Versteck, wo er sofort fündig wurde. Ich sehe durchaus eine Möglichkeit, wie man unsere Franzi glücklich machen könnte.«

»Und – worauf wartest du noch?«, fragte Franziska.

Corinna zögerte. »Ich glaube, wir sollten uns lieber vom Acker machen. Auf keinen Fall möchte ich eine Straftat begehen, in diesem Fall wäre es wohl Hausfriedensbruch oder so … Ich bin zwar keine Juristin, aber wenn ich ertappt würde, könnte ich meinen Beamtenstatus verlieren und am Ende sogar im Knast landen!«

»Auch wenn man gar nichts anrührt und sich nur mal umschaut?«, fragte ich. »Die frisch gekämmten Fransen würden bestimmt nicht auffallen! Falls aber doch, dann nimmt man erst mal an, die Putzfrau hätte es besonders gut gemeint.«

»Wenn man es so sieht, hast du eigentlich recht. Wir können es ja mal spaßeshalber versuchen – der Hausschlüssel war damals im Vogelhäuschen gebunkert.«

Das ließ sich Franziska nicht zweimal sagen. Zum Glück konnte man trotz der Dunkelheit die Umrisse eines Futterhäuschens auf dem Rasen erahnen. Unsere Fransenfetischistin zögerte nicht lange. Beim Abtasten der hölzernen Innenwand hatte sie Erfolg und zog triumphierend einen Schlüssel heraus. Ein bisschen unheimlich war mir die Situation inzwischen doch geworden, auch weil mir plötzlich eine Katze um die Beine strich und einen leisen klagenden Laut von sich gab.

»Jetzt muss ich allerdings zur vorderen Hausseite«, sagte Franzi, »am besten wartet ihr hier, damit wir nicht zu dritt an der Straßenfront gesehen werden. Ich schließe die Haustür auf und lasse euch über die Terrasse herein.«

Und so geschah es auch. Franzi stürzte sich begeistert auf den Teppich, Corinna studierte Familienfotos, die in einem großen Rahmen als Collage zusammengestellt waren und die sie nun endlich aus nächster Nähe betrachten konnte. Ich ging an die Bücherwand, um festzustellen, wes Geistes Kind die angeblich so steinreichen Bewohner waren. Tatsächlich gab es sowohl ledergebundene Klassiker als auch die Werke sämtlicher Literaturnobelpreisträger. Vor den Bücherreihen standen kleine, kunstvoll geschnitzte Figuren aus Holz oder Elfenbein. Ich wusste, dass es sich um japanische Netsukes handelte, und war hingerissen. Neben Masken und Buddhas waren es vor allem Tiere, die hier gesammelt wurden: Löwen, Hasen, Ratten, Frösche, Eichhörnchen, Grillen und sogar mehrere Miniaturhähne aus Buchsbaum. Bewundernd nahm ich einen davon in die Hand – und steckte ihn in die Hosentasche. Schließlich war ich im Jahr des Hahns geboren, wie ich in einer Zeitschrift mit chinesischem Horoskop gelesen hatte. Schnell machte ich noch ein paar Fotos von der Bücherwand und aus alter Gewohnheit auch von den Topfpflanzen auf dem Fensterbrett. Leider wurde Corinna schon nach wenigen Minuten nervös und drängte uns allzu schnell, das Haus wieder zu verlassen, anscheinend bereute sie ihren eigenen Vorschlag. Einerseits wollte sie uns an Wagemut und verrückten Ideen nicht nachstehen oder gar als feige Spießerin gelten, befürchtete vielleicht sogar uralte Vorurteile gegen nicht mehr junge, ledige und kinderlose Lehrerinnen. Andererseits spürte sie als Älteste in unserem Verein wohl eine gewisse Verantwortung.

Leider war ich dumm genug, meinen beiden Komplizinnen die Beute zu zeigen, natürlich erst, als wir wieder in Franzis Küche saßen und mit Heppenheimer Riesling anstießen.

Corinna war außer sich und explodierte. »Du hast mein Vertrauen missbraucht, hätte ich mich bloß nicht auf eure infantilen Spielchen eingelassen! Jetzt fehlt nur noch, dass es irgendwo eine Kamera gab, woran wir alle nicht gedacht haben. Es war eine völlig unüberlegte und saudumme Idee, uns ins Haus zu schleichen, außerdem hatten wir keine Handschuhe an. Man wird Fingerabdrücke finden!«, brüllte sie und stand auf. Mit Sicherheit war sie hauptsächlich wütend auf sich selbst, so schien mir.

Doch Franziska zwinkerte mir zu. Erst als wir allein waren, griff sie ihrerseits in die Hosentasche und zeigte mir ihre eigene Beute – eine volkstümliche Votivgabe; es war ein winzig kleiner Männerkopf aus versilbertem Blech. Wir mussten herzlich lachen.

»Der Kerl soll mir Glück bringen«, sagte Franzi und polierte das angelaufene Silber mit einem Geschirrtuch. »Ich habe jetzt seit Ewigkeiten keinen Freund mehr gehabt, langsam kriege ich Entzugserscheinungen. Aber sag das bloß nicht meinem Bruder, der versucht schon lange, mich mit seinen Macho-Freunden zu verkuppeln.«

Franziska hatte bereits mit zwanzig geheiratet und ein gerade begonnenes Studium der Anglistik wieder geschmissen. Schon nach zwei Jahren und einer Fehlgeburt war sie eine geschiedene Frau. Seitdem lebte sie allein, hatte zwar gelegentlich eine kurze Affäre, aber keine feste Beziehung. Über das

Scheitern ihrer frühen Ehe sprach sie nicht gern, aber andeutungsweise hatte sie körperliche Gewalt als Grund angegeben. Andererseits konnte ich mir durchaus vorstellen, dass nicht jeder Ehemann Franzis Tick widerspruchslos hingenommen hätte.

»Es wundert mich allerdings, dass du diesen ausgefallenen Devotionalienartikel überhaupt gesehen hast«, sagte ich. »Du hast doch die ganze Zeit am Boden gekniet und warst mit den Fransen beschäftigt!«

»Nun, es war sozusagen eine Fügung, a stroke of luck! Als ich den Teppich an einer Ecke etwas glattstrich, fühlte ich eine kleine Unebenheit. Vielleicht lag mein Männlein schon lange dort begraben, ich nehme an, man hat es nie gesucht und wird es jetzt auch nicht vermissen. Eigentlich schade, dass wir nicht ins obere Stockwerk vorgedrungen sind, wer weiß, was dort noch zu entdecken ist!«

»Solange die Besitzer verreist sind, könnten wir es ja noch ein zweites Mal versuchen. Corinna wird uns bestimmt nicht auf die Schliche kommen, denn sie observiert immer nur Personen, die auch anwesend sind.«

»Natürlich würde es mich brennend interessieren, was für Teppiche in den Schlafzimmern liegen – ich bin fast sicher, dass sie keine fransenlose Fabrikware haben. Aber wir müssten dort das

Licht anmachen. Und die Nachbarn wissen bestimmt, dass es im Erdgeschoss am Abend automatisch eine Weile lang hell bleibt, oben aber nicht. Denn eines will ich auf keinen Fall riskieren: dass man die Polizei ruft.«

Franziska hatte recht, ich sah es ein. Aber irgendwie hatte mir unsere nächtliche Aktion so viel Spaß gemacht, ich hatte so viel Adrenalin ausgeschüttet, und meine Lust auf Abenteuer war geschürt worden, dass ich nur ungern aufgab. Außerdem hatte ich ein paar Fotos von den niedlichen Netsukes gemacht, die ich mir jetzt etwas genauer anschaue. Leider musste ich feststellen, dass ich einen viel hübscheren Hahn aus Elfenbein übersehen hatte, also im Grunde den falschen mitgenommen hatte. Mir kam eine Idee.

Wenn wir einfach am helllichten Tag dort aufkreuzten und überhaupt kein Kunstlicht brauchten? Zum Beispiel an einem Sonntag, wenn wir freihatten und die aufmerksamen Nachbarn sicher lange schliefen?

Franzi schüttelte den Kopf. »Du bist ja noch ausgefranster als ich«, sagte sie. »Wir wissen ja nicht einmal, wann die Besitzer zurückkommen – stell dir vor, die stehen auf einmal vor uns! Vergiss es!«

Das war allerdings ein überzeugendes Argument, vorerst musste ich mich geschlagen geben. Doch immer, wenn ich mir mein geschnitztes Hähnchen anschaute, musste ich mich ärgern. Und daher fasste ich den Entschluss, ohne Franzi oder sonstige Begleitung die Villa aufzusuchen und den Gockel umzutauschen.

Also trabte ich am darauffolgenden Sonntag in Jogginghosen durch die Lützelsachsener Straße und war mir sicher, dass mich kein Mensch an diesem trüben Morgen beachtete. Problemlos erreichte ich mein Ziel, wo immer noch kein Auto vor der Tür stand oder ein geöffnetes Fenster auf die Rückkehr der Besitzer schließen ließ. Zielstrebig huschte ich in den Garten und fand auch gleich den Schlüssel, der brav im Futterhäuschen lag, wo wir ihn beim letzten Besuch wieder deponiert hatten. Mit klopfendem Herzen, doch nicht ohne Stolz auf meine Tollkühnheit, schloss ich die Haustür auf und stand endlich vor der Bücherwand, um mein mickriges Hähnchen unverzüglich gegen ein edleres auszuwechseln. Sollte ich noch rasch etwas anderes einstecken? Die Gelegenheit kam wohl nie mehr wieder. Mein Blick schweifte herum und fiel auf die durstigen Zimmerpflanzen. Die Alpenveilchen ließen die Blüten hängen, die Azaleen schienen fast vertrocknet. Aus alter Gewohnheit wollte ich ein paar weitere traurige Fotos machen, doch das Mitleid überwältigte mich. Hier musste dringend gehandelt werden! Prüfend sah ich mich nach einer Gießkanne um, fand auch eine und lief damit in den Flur, um ein Waschbecken zu suchen. Als ich gerade die Küche betreten wollte, ging jedoch die Haustür auf, und eine fremde Dame stand direkt vor mir. Wir fuhren beide zusammen.

»Huch, haben Sie mich aber erschreckt!«, sagte die Frau. »Ich dachte, alle seien noch verreist. Sie sind sicher hier, um sauberzumachen, aber heute ist doch Sonntag …?«

»Ich wollte mich rasch mal um die Blumen kümmern«, sagte ich und schwenkte wirkungsvoll die Gießkanne.

»Ach so! Sind Sie eine Freundin der Familie? Entschuldigung, ich habe mich ja noch gar nicht vorgestellt, ich heiße Martina Wilhelm und bin die Kusine von Anita.« Fragend sah sie mich an, und ich stotterte blitzschnell einen Namen: »Steffi Graf.«

»Ach so«, sagte Frau Wilhelm zum zweiten Mal. »Komisch, die Blumen sollte *ich* doch gießen! Man hat mir extra einen Hausschlüssel überlassen, aber Ihnen anscheinend auch.«

Ich nickte bestätigend, hielt ihr demonstrativ den Schlüssel unter die Nase und verabschiedete mich eilig. Erst als ich mich auf der Straße wieder in Trab setzte, wurde mir die brenzlige Situation so richtig bewusst. Musste es dieser Kusine nicht merkwürdig vorkommen, dass ich Handschuhe trug? Aber ich hatte meine Mission geistesgegenwärtig erfüllt und den begehrten Hahn in der Tasche, wenn ich auch den fremden Hausschlüssel in der kommenden Nacht wieder ins Futterhäuschen legen musste. Im Grunde war ich eine Heldin, und zwar eine, die ihre Ängste gut im Griff hat.

3
Der Hase im Pfeffer

Etwa alle zwei Wochen trafen wir uns bei einer der sechs Klubschwestern. In einem Restaurant oder Café wollten wir uns lieber nicht versammeln, denn wir sprachen ja oft über Intimitäten und Privatangelegenheiten, die keinen Fremden etwas angingen. Wenn wir zusammensaßen, wurde natürlich gebechert und geschlemmt, mit unseren Marotten angegeben, gelacht, geblödelt und auch gern getratscht. Schon nach wenigen Sitzungen kam es zu einer wichtigen Abstimmung. Es ging darum, ob wir noch weitere Mitglieder aufnehmen sollten und vielleicht sogar Männer willkommen seien. Die meisten waren eigentlich dagegen, mehr als sechs Frauen würden unseren Rahmen sprengen und allzu undiszipliniert durcheinanderquasseln. Schließlich wollten wir auch kein eingetragener Verein mit Mitgliedsbeiträgen werden, sondern ein exklusiver Geheimbund bleiben. Ganz abgesehen davon hatte keine von uns eine große Wohnung.

»Und Männer kommen schon deswegen nicht

infrage, weil wir *Klub der Spinnerinnen* heißen«, sagte Franzi. »Es klänge doch bescheuert, wenn man *Spinner und Spinnerinnen* sagen müsste!«

Eigentlich hatte nur Eva, die gelenkige Schlangenfrau, für eine Erweiterung plädiert, denn ihr eifersüchtiger Mann würde anscheinend gern mitkommen. Er ließ es sich nicht nehmen, seine Frau nach jedem unserer Treffen persönlich abzuholen. Deswegen wussten wir, wie er aussah, nämlich fett und hässlich. So einen schon gar nicht, fand ich. Er war Mathelehrer wie Corinna, während Eva Sport und Ethik unterrichtete.

Auch unsere Frohnatur Heide lebte nicht allein, sondern mit ihrem Freund zusammen, aber sie sprach kaum über ihn, dafür umso lieber über ihre seltsame Berufung. Vor zwei Jahren hatte sie sich nach dem Tod ihres Vaters ausgiebig mit einer Trauerrednerin unterhalten, die anstelle eines Pfarrers für eine angemessene Würdigung des Verstorbenen sorgen sollte. Einerseits war sie fasziniert von diesem nicht mehr ungewöhnlichen Beruf, andererseits empfand sie den stets traurigen Anlass als belastend. Schon als Teenager hatte sie ihre Begabung für spontane Büttenreden entdeckt, nun kam sie auf eine grandiose Idee: Sie bot sich in Inseraten und auf einer Website als Fest- und Freudenrednerin an, die bei runden Geburtstagen, Geburten,

Hochzeiten und Jubiläen den Angehörigen die Last einer Ansprache abnahm und für eine zwar professionelle, aber fröhliche Stimmung sorgte. Es gebe ziemlich viele Menschen, erklärte sie uns, die nur ungern vor den zahlreich versammelten Freunden und Verwandten den Mund aufmachten. Man sei bisher immer zufrieden mit Heides Performance gewesen und hätte sie weiterempfohlen. Zwar konnte sie nicht davon leben, sondern musste weiterhin ihren etwas eintönigen Job bei der Stadtverwaltung ausüben. Aber selbst darin sah sie einen Vorteil, denn sie konnte sich direkt im Rathaus über geplante Hochzeiten informieren und den Brautpaaren ihren hübsch gestalteten Flyer zusenden.

Ihr Hobby erforderte natürlich ein heiteres und ausgeglichenes Naturell, und das hatte sie durchaus. Heide konnte es kaum ertragen, wenn gestritten oder auch nur allzu heftig diskutiert wurde. Sie wollte mit den Ohren wackeln, lachen und lustig sein, und das wiederum tat allen gut. Da sie sich im Berufsleben seriös kleidete, trug sie privat gern knallbunte Kombinationen, am liebsten in allen vier Komplementärfarben. Heide war es auch, die uns mit der wahrsagenden Jelena bekannt gemacht hatte. Die wiederum war rein optisch ein kontrastreiches Gegenstück, denn sie favorisierte Erdtöne, die sie mit Schwarz und Grau kombinierte.

Die Eltern der Wolkeninterpretin stammten aus dem ehemaligen Jugoslawien, Jelena war aber in Deutschland aufgewachsen. Als Kassiererin im Supermarkt verdiente sie mehr schlecht als recht. Als Einzige von uns hatte sie Kinder, zwei temperamentvolle Jungen, die sie in aller Frühe in die Kita brachte. Wenn sie abends mal ausgehen wollte, passte die Nachbarin auf die Zwillinge auf, denn Jelena war alleinerziehend. Einerseits hatte sie einen gewissen Hang zu fragwürdigen esoterischen Theorien, andererseits war sie recht intelligent und beruflich unterfordert. Nachdem ich auf ihren Wunsch besonders schöne Wolkenformationen fotografiert hatte, begann sie, nach diesen Vorlagen Aquarelle zu malen. Zweifellos war sie begabt, und bald brauchte sie auch keine Fotos mehr, um eigenständige und originelle Bilder von Windbräuten und Wolkenkönigen zu entwerfen.

Jelena wollte uns ungern zu sich nach Hause einladen, sondern machte einen anderen Vorschlag.

»Bei diesem herrlichen Altweibersommer ist es fast eine Sünde, wenn wir in meinem engen Wohnzimmer hocken und mit unserem Geschnatter die Kinder wachhalten. Ich schlage vor, dass wir flexibel sind und zur Abwechslung am helllichten Tag ein Picknick im Grünen machen. Zum Beispiel nächsten Sonntag im Hermannshof, dann könnte mein Ex unterdessen mit den Buben auf den Spielplatz gehen.«

Das fanden wir eigentlich alle wunderschön, aber ob man sich dort einfach auf der großen Feuchtwiese niederlassen konnte? Wir wollten es immerhin mal ausprobieren, und falls es zu nass oder verboten war, mit Körben und Decken in den benachbarten Schlosspark weiterziehen.

Als Pflanzenspezialistin war ich schon mehrmals im nahe gelegenen Hermannshof gewesen, obwohl ich kaum auf die angelegten Kulturen achtete. Aber dieser öffentliche Schau- und Sichtungsgarten ist durchaus etwas Besonderes, denn man schnuppert an mediterranen Kräutern, Bauernjasmin, Damaszener-Rosen oder Verbenen, man steht mal auf einer asiatischen Bergwiese, mal in einem subtropischen Monsunwald, an einem Seerosenteich oder mitten in der Steppe oder Prärie. Im milden Klima der badischen Bergstraße gedeihen Mandel- und Feigenbäume, Myrten, Zypressen und Edelkastanien, aber auch Zedern, Mammutbäume und Ginkgos. Von weit her kommen Touristen und Spezialisten, um sich hier weiterzubilden oder einfach nur, um die Farbenpracht und Wildheit zu genießen. Natürlich wird auch fleißig fotografiert, und auch ich kann nie widerstehen, obwohl das farbenfrohe Durcheinander gut durchdacht ist und keineswegs dem Zufall überlassen bleibt. Doch auch hier entdecke ich mit geübtem Blick das eine oder andere verirrte Pflänzchen, das nicht in die vorgesehene Zone passt und leidet. Zu meiner Freude hatte sich zum Beispiel das seltene eiblättrige Tännelkraut mitten im ostasiatischen Gehölz eingeschmuggelt, obwohl man es sonst eher auf Stoppelfeldern findet. Als ich aber nicht völlig allein, sondern mit meinen Klubschwestern herumwanderte, wurde ich von ihrer Begeisterung angesteckt und fotografierte ausnahmsweise nicht die sogenannte Begleitvegetation wie Giersch und Sauerklee, sondern prächtige Stauden, die an diesem sonnigen Tag in hinreißenden Farben glühten. Auf einem Indianerpfad flatterte unsere Heide wie ein bunter Schmetterling durch die Hochgrasprärie, während sich die beiden Lehrerinnen Eva und Corinna für die unübertroffene Biodiversität begeisterten.

Erst als wir mit der Besichtigung fertig waren und auch das Picknick im nahe gelegenen Schlosspark beendet hatten, vermisste ich meine Handtasche. Im Eifer des Fotografierens musste ich sie irgendwo abgelegt haben.

»Ich hatte mal im Hermannshof einen Regenschirm vergessen«, erzählte Eva, »und bekam ihn am nächsten Tag sofort wieder zurück. Am besten du gehst gleich noch mal rüber, bevor sie schließen.

In diesem Zaubergarten treiben sich keine finsteren Gestalten herum, sondern ehrliche Naturfreunde, die bestimmt nicht klauen.«

»Doch, vielleicht Strauchdiebe«, kalauerte meine Freundin Franzi.

Natürlich versuchte ich es auf der Stelle, aber leider erfolglos. Man notierte zwar meine Adresse und versprach, mich sofort anzurufen, falls die Tasche gefunden würde. Zum Glück hatte ich meinen Hausschlüssel und das Smartphone griffbereit in der Jackentasche, aber Portemonnaie, Ausweis, Führerschein und Kreditkarte natürlich nicht.

Am nächsten Tag meldete ich den Verlust bei der Polizei und beim Fundbüro. Man konnte mir zwar vorerst nicht weiterhelfen, riet mir aber, meine Bankkarte unverzüglich sperren zu lassen. Viel Geld war nicht in der Börse gewesen, so dass kaum jemand in Versuchung geraten könnte. Also gab ich die Hoffnung nicht auf, dass sich ein ehrlicher Finder persönlich bei mir melden würde, denn mein Name war ja ersichtlich.

In der Mittagspause sah ich mir die gestrigen Fotos an, roch noch einmal in Gedanken den berauschenden Duft von blauviolettem Phlox und entdeckte tatsächlich hinter dem Blütenmeer eine Bank, auf der ein Gegenstand lag: meine etwas schäbige Handtasche. Ob sie vielleicht immer noch dort lag, weil niemand sie beachtet hatte? Ich beschloss, noch an diesem Abend dort nachzuschauen, doch ich kam wohl zu spät.

Nach einer Woche musste ich mich mit der misslichen Tatsache abfinden, dass meine Papiere endgültig verloren waren und ich mich wohl oder übel um die lästige Neubeschaffung kümmern sollte. Gerade als ich mich eines Abends seufzend über die Öffnungszeiten des Bürgerbüros informierte, erhielt ich einen Anruf.

»Vermissen Sie nicht etwas?«, fragte eine fremde männliche Stimme.

Ich reagierte geradezu euphorisch.

»Natürlich kriegen Sie einen anständigen Finderlohn«, versprach ich. »Wie und wann kann ich denn meine Handtasche zurückbekommen?«

Das war anscheinend etwas kompliziert, denn der Unbekannte wollte mir meine Tasche nicht persönlich vorbeibringen. Er wohne gar nicht in Weinheim und habe sowieso wenig Zeit, ich könne mein Eigentum aber in einem Mannheimer Frisörgeschäft abholen. Natürlich zeigte ich mich hocherfreut, denn das war tausendmal einfacher, als alle Dokumente neu beantragen zu müssen. Also versprach ich, am nächsten Abend nach Mannheim zu kommen. Dann lief ich zu Franzi hinunter, um ihr die frohe Botschaft brühwarm mitzuteilen.

»Wie heißt der Frisörladen?«, fragte sie.

»*Bella Bimba*«, sagte ich. »Der Salon liegt relativ zentral in den Quadraten, also in der Nähe der Fressgasse. Ein Parkhaus ist auch nicht weit, also werde ich morgen gleich nach Ladenschluss hinfahren …«

»Nina, wait a second«, sagte Franzi. »Du könntest doch vorher hier vorbeikommen und mich mitnehmen. Ich wollte schon lange mal wieder die Esther besuchen, die wohnt doch genau in dieser Gegend. Wenn du deine Tasche samt Inhalt zurückhast, stößt du einfach zu uns, und wir machen uns zu dritt einen netten Abend.«

Ebenso wie Franzi kannte ich Esther noch aus unserer gemeinsamen Schulzeit und mochte sie ganz gern. Franzi besaß kein Auto und musste die Straßenbahn nehmen, wenn sie nach Mannheim wollte. Nur zu gern war ich einverstanden, so dass wir am nächsten Abend gut gelaunt aufbrachen. Ich fuhr übertrieben vorsichtig, weil ich auf keinen Fall ohne Papiere in eine Polizeikontrolle geraten wollte. Im Parkhaus trennten wir uns.

Schließlich stand ich vor dem kleinen Bella-Bimba-Salon, dessen Tür allerdings abgeschlossen war – es war ja schon relativ spät. Zunächst rührte sich nichts, als ich klopfte und auf die Klingel drückte. Schließlich öffnete sich ein Fenster im ersten Stock, und die mir bereits bekannte Stimme rief: »Sie müssen zum linken Nebeneingang, ich wohne direkt über dem Laden. Mein Name ist Hase.«

O Gott, dachte ich belustigt, sein Name ist Hase, dann weiß er von nichts!

Gleich darauf wurde jedoch ein Summer bedient, ich betrat einen spärlich beleuchteten Hausflur und stieg leicht beklommen die Treppe hinauf. Oben gab es zwar mehrere Wohnungen, aber das Namensschild von Andreas O. Haase war nicht zu übersehen. Als ich klingelte, öffnete er sofort die Tür.

»Kommen Sie bitte herein«, sagte der Frisör in Flip-Flops, falls es sich tatsächlich um den Inhaber des Salons handelte. Er sah nämlich auf den ersten Blick überhaupt nicht so aus, wie ich mir einen geschmeidigen Figaro vorstellte.

Andreas Haase war etwa Anfang fünfzig und trug eine ausgeleierte Jogginghose sowie ein schwarzes T-Shirt, das über dem Bauch spannte. Aufgedruckt war ein Boxkampf zwischen Bugs Bunny und Peter Rabbit. Seine Haare waren lang und fettig, er roch nach Bier, und ich fühlte mich unbehaglich. Andererseits soll man sich ja nicht von weit verbreiteten Vorurteilen leiten lassen und die Menschen vorschnell in bestimmte Kategorien einteilen. Mit einem künstlichen Lächeln gab ich ihm die Hand und folgte ihm in eine unaufgeräumte Küche, in der mehrere Bierkästen meine klischeehafte Vorstellung vom asozialen Säufer doch wieder bestätigten. Andererseits hatte er eine warme, wohlklingende Stimme und schöne feingliedrige Hände.

»Nehmen Sie bitte Platz«, sagte er und wies auf einen gelb lackierten Stuhl. Ich zögerte und starrte wie gebannt auf den Küchentisch, auf dem eine versiffte Wachsdecke die Unterlage für ein seltsames Stillleben bildete. Neben Tellern mit Essensresten und einem gefüllten Aschenbecher entdeckte ich auch ein Handy und einen kleinen, schwarz angelaufenen Silberbecher sowie einen Siegelring.

»Meine Freundin wartet auf mich«, sagte ich. »Können wir nicht schnell zur Sache kommen?«

Er musterte mich mit durchdringendem Blick.

»Und – was krieg ich für die Tasche, Nina?«, fragte er.

Mir gefiel seine distanzlose Anrede so wenig, dass ich nur möglichst schnell diesen tristen Ort verlassen wollte.

»Das gesamte Geld in meinem Portemonnaie gehört Ihnen«, sagte ich. »Außerdem werde ich Ihnen noch einen Kasten Bier bringen lassen …«

»Hältst du mich etwa für einen Säufer und Bettler?«, fragte er. »Ich dachte eigentlich an eine ganz andere Belohnung.«

Dabei leckte er sich die Lippen und machte ein schmatzendes Geräusch.

Jetzt war es vorbei mit meiner aufgesetzten Höflichkeit. Ich musste mich sehr zusammennehmen, um nicht auszurasten. Mühsam wahrte ich gerade noch die Fassung und konterte möglichst sachlich und streng: »Eigentlich wären Sie dazu verpflichtet gewesen, meine Tasche beim Fundbüro abzugeben. Wenn Sie jetzt auch noch unverschämt werden, muss ich die Polizei einschalten.«

»Quatsch, es geht mir doch nicht um Erpressung! Wie kann man denn gleich an so hässliche Dinge denken«, erwiderte er kopfschüttelnd. »So ein hübsches Mädel wie du hat doch auch seinen Spaß an einem kleinen Abenteuer. Du wirst es nicht bereuen, wenn du ein bisschen netter zu mir bist!«

Und mit diesen Worten trat er dichter heran, ich roch seinen Bierdunst und ekelte mich. In diesem Augenblick verspürte ich nur den starken Impuls, unverzüglich abzuhauen und auf meine Handtasche zu verzichten. Hätte ich das nur getan!

Doch als er noch etwas näher heranrückte, konnte ich nicht weiter zurückweichen, denn ich berührte bereits mit dem Rücken die Wand. Mein Herz begann zu rasen, ich reagierte panisch und stieß ihn mit beiden Händen und aller Kraft von mir weg. Der angetrunkene Mann taumelte, verlor den Halt, schrie »Scheiße!« und stürzte. Im Fallen wollte er sich noch an einem offenen Regal festhalten, wobei er ein Tablett mit Gläsern und Gewürzdosen mit sich riss. Einer seiner Flip-Flops flog mir um die Ohren. Nach einem ohrenbetäubenden Gepolter war es plötzlich ganz still, und schon nach den ersten Schrecksekunden erfüllte mich ein Gefühl grenzenloser Schadenfreude. Ich hatte ihn besiegt.

»Aus die Maus«, triumphierte ich. Aber mein Spott kam nicht mehr an, denn mein Feind blieb regungslos liegen und machte keinerlei Anstalten, wieder aufzustehen. Zu meinem Entsetzen verdrehte er die Augen und stöhnte. Trotzdem war ich noch geistesgegenwärtig genug, um diesen Moment seiner absoluten Wehrlosigkeit zu nutzen.

»Wo ist meine Tasche?«, fragte ich mehrmals und erhielt keine Antwort. Suchend sah ich mich um, aber hier in der Küche herrschte nichts als Chaos. Im anliegenden Zimmer sah es auf den ersten Blick noch übler aus. Als ich mich wieder meinem Opfer zuwandte, bemerkte ich, dass ein rotes Rinnsal über den Fußboden lief. Bei diesem Anblick spürte ich zwar immer noch kein Mitleid, aber mein Gewissen meldete sich zaghaft.

»Wenn Sie mir verraten, wo das Verbandzeug ist, werde ich Sie verarzten. Aber zuerst muss ich meine Tasche wiederhaben!«

Er wollte anscheinend etwas sagen, aber ich hörte nur ein ekelerregendes gurgelndes Geräusch. Es half alles nichts, ich musste weitersuchen. Gerade als ich verzweifelt die Backofentür öffnete, klingelte mein Handy. Es war Franzi.

»Wo bleibst du denn? Wir wollen den Schampus erst öffnen, wenn du auch dabei bist …«

Bei ihren harmlos-fröhlichen Worten verlor ich plötzlich die Nerven und heulte los: »Du musst mir helfen, und zwar sofort! Alles ist schiefgegangen! Ich kann meine Tasche nicht finden, und langsam dreh ich durch …«

»Um Himmels willen, was ist los? Bist du immer noch im barber shop? Ich würde ja sofort kommen, wenn dort schöne Teppiche lägen, aber wie ich diese Läden kenne, haben sie wischfeste Fußböden …«

»Mir ist jetzt nicht nach lustig, ich weiß nicht mehr ein und aus …«, schluchzte ich, während Andreas Haase immer leiser stöhnte.

Franzi erschrak, ließ sich rasch erklären, wo sie klingeln sollte, und traf nach erstaunlich kurzer Zeit ein. Wieder bekam ich einen Heulkrampf, als ich auf den blutenden Mann am Boden zeigte und behauptete, er habe mich vergewaltigen wollen.

Trotz allem fand Franzi die Situation irgendwie komisch und konnte sich einen Wortwitz nicht verkneifen.

»Da liegt der Hase im Pfeffer«, sagte sie, denn außer zahlreichen Glasscherben waren Wacholderbeeren und Pfefferkörner malerisch um den Verletzten verstreut.

»Müsste man nicht den Notdienst rufen?«, schniefte ich, denn bis jetzt hatte ich es nicht über mich gebracht, die blutende Kopfwunde zu versorgen oder den Puls des Verletzten zu fühlen. Franzi erwies sich als tapfere Komplizin.

»Hol mal 'ne Rolle Klopapier«, sagte sie und presste dann eine dicke Schicht auf die Wunde. Sie stellte fachmännisch die Diagnose: »Der hat bloß eine Gehirnerschütterung, in ein paar Minuten kommt er zu sich, da sind wir längst über alle Berge.«

»Und meine Tasche?«

»Irgendwo wird sie ja sein«, sagte Franzi, lief beherzt ins Nebenzimmer, sah sich um und zog die Tasche triumphierend unter dem Kopfkissen hervor. »Jetzt nichts wie weg«, sagte sie.

Im Grunde wollte ich auch nichts anderes als abhauen, aber ich steckte doch noch schnell den Silberbecher ein und prüfte den Inhalt meines Portemonnaies. Es fehlte anscheinend nichts.

4
Der Taufbecher

Als wir gerade aufbrechen wollten, plagten mich plötzliche Gewissensbisse.

»Eigentlich dürfen wir so einen hilflosen Menschen nicht unversorgt im Stich lassen! Das Papier ist schon fast durchgeblutet! Wenn er sich wieder aufgerappelt hat, wird er mich wegen Körperverletzung oder unterlassener Hilfeleistung anzeigen und sich furchtbar an mir rächen ...«

»Da hast du recht«, sagte Franziska. »Deine Tasche mit den Ausweisen steht ihm zwar nicht mehr zur Verfügung, und sein vernebelter Kopf hat sich bestimmt nicht deinen Namen und die Adresse gemerkt. Aber er hat dich ja angerufen, also ist deine Telefonnummer gespeichert! Wir müssen sein Handy mitnehmen!« Kurzentschlossen steckte sie das Mobiltelefon ein, zerrte mich energisch hinaus und schlug die Tür endgültig zu. Im Grunde wollte ich ja auch nur nach Hause und mich in meinen Kokon einwickeln. Auf keinen Fall war mir nach Small Talk mit Esther zumute.

»In der Grundschule hatten wir auch einen Andreas«, plauderte Franzi, als wir kurz darauf im Auto saßen. »Wir haben ihn oft geärgert und ihn das *andre Aas* genannt. Wie mag der Hase wohl mit dem zweiten Namen heißen?«

»O wie Otto«, sagte ich teilnahmslos und startete den Wagen mit zitternder Hand.

»Vielleicht Oster Hase«, scherzte Franziska und verstand nicht, dass mich ihre kindischen Späße überhaupt nicht amüsieren konnten. Vor allem nervten mich ihre Anglizismen und Running Gags über Teppichfransen inzwischen so sehr, dass ich sie am liebsten jedes Mal angeblafft hätte. Ich verkniff mir aber eine patzige Äußerung, denn immerhin hatte Franzi mir zuliebe auf einen fröhlichen Abend mit ihrer Freundin Esther verzichtet.

Als wir das Stadtgebiet bereits verlassen hatten und uns auf der Schnellstraße befanden, ließ meine Beifahrerin das Fenster herunter und warf das fremde Handy mit Wucht auf den Asphalt.

»Der nächste LKW wird es plattmachen«, sagte sie. »Übrigens gibt mir der Typ im Nachhinein einige Rätsel auf. Im Schlafzimmer sah ich zum Beispiel Kinderfotos und einen gerahmten Meisterbrief über dem Bett.«

»Er ist also tatsächlich Frisör?«, fragte ich erstaunt.

»Nee, Uhrmacher. Dieser Mann muss irgendwann, vielleicht durch einen Schicksalsschlag, völlig aus dem Takt geraten sein.«

»Mein Mitleid hält sich in Grenzen«, brummte ich und sagte von da an kein Wort mehr, obwohl Franzi immer wieder versuchte, mich aufzumuntern. Als wir zu Hause ankamen, bedankte ich mich zwar für ihre Unterstützung, bat aber darum, jetzt allein sein zu dürfen. Trotz milder Temperaturen war mir kalt. Ich wollte ein heißes Bad nehmen, Kräutertee trinken und zu Bett gehen. Meine Freundin musste es wohl oder übel akzeptieren.

Aber bevor ich Wasser in die Wanne ließ, holte ich mir noch das Silberputzzeug und bearbeitete den gestohlenen Becher. Er roch zwar nach Schnaps, aber das nahm ich in Kauf. Nach ausgiebigem Polieren glänzte das Beutestück, dass es eine Freude war. Unter dem doppelten Rand kam nun auch die zierliche Rocaille besser zur Geltung, und als ich den Becher umdrehte, konnte ich eine geschwungene Schrift entziffern.

Andreas Oskar stand neben einem Datum aus dem vergangenen Jahrhundert. Es musste sich also um einen sogenannten Taufbecher handeln. Sollte ich die Inschrift entfernen und stattdessen meinen eigenen Namen eingravieren lassen, um ihn meiner Tante Karin zur Taufe ihres Puppenbabys zu schenken? Ich wollte den Becher allerdings ungern wieder herausrücken, stellte das Glanzstück neben den japanischen Hahn und fand, dass dieses Stillleben aus Elfenbein und Silber der Anfang einer zauberhaften Sammlung werden könnte.

Als ich endlich im Bett lag, konnte ich lange nicht einschlafen. Immer wieder musste ich an das abstoßende Szenario in Mannheim denken. Zu allem Überfluss tauchten auch noch weitere belastende Erinnerungen auf. Wie oft hatte ich mich schon mit anderen Menschen auf unerfreuliche Weise auseinandersetzen müssen! Es begann bereits im Kindergarten, weil ich immer mit den Sachen spielen wollte, die sich andere Kinder längst geschnappt hatten, und es gab oft Streit. Nach und nach begriff ich aber, dass die kleinen Plastikautos, mit denen die Jungs mit lautem *ramm-ramm-ramm* provozierend um mich herumkreisten, ziemlich doof waren. Mein Vater besaß nämlich eine Matchboxsammlung, und gelegentlich durfte ich mit den Miniatur-Oldtimern spielen. Sie waren im Gegensatz zu den Kita-Autos aus Metall. Schon damals entwickelte ich ein Gespür für haptische Qualität, also für Gegenstände, die angenehm in der Hand lagen: Klein, glatt, schwer sollten sie sein und auf keinen Fall aus Kunststoff. Das ist bis heute so geblieben.

Der Becher passte also gut in mein Beuteschema,

aber echte Freude am Neuzugang konnte nicht aufkommen, weil ich immer wieder an den verwundeten Hasen denken musste. Wenn er nun verblutete? Er hatte ja kein Handy mehr, um einen Krankenwagen zu bestellen. Bevor es zu spät für die Rettung war, müsste ich mich eigentlich aufraffen und die 110 anrufen, auf jeden Fall anonym. Aber würde man mir nicht dank moderner Technik rasch auf die Schliche kommen? Ich quälte mich lange mit den verschiedensten Möglichkeiten, die durch beherztes Handeln oder feiges Unterlassen denkbar waren. Als pharmazeutisch-technische Assistentin las ich natürlich die *Apotheken-Umschau*, gehörte sowieso fast zum medizinischen Fachpersonal und konnte mir auch die tragischen Folgen eines Schädel-Hirn-Traumas gut vorstellen. Leider wusste ich nicht, ob Andreas Haase mit dem Kopf an die eisernen Rippen der Heizung gestoßen war, obwohl ich den Sturz aus nächster Nähe gesehen hatte.

Schlimmstenfalls war er bereits tot, und man würde erst nach Tagen seine Leiche finden. In solchen Fällen wurde eine forensische und polizeiliche Untersuchung angeordnet. Unsere Fingerabdrücke waren überall zu finden. Das Handy fehlte! Auch die dilettantische Papierschicht auf seinem Kopf hätte er sich schwerlich selbst auflegen können, weil es keine Blutspur bis zur Toilette gab.

Schließlich schlief ich aber doch noch ein und hatte einen furchtbaren Alptraum. Ein riesengroßer Osterhase hatte mich vergewaltigt, ich gebar daraufhin eine Chimäre, die nicht lebensfähig war. In meiner Verzweiflung vergrub ich das ungetaufte Monster unter der Regenrinne der Laurentiuskirche, wo bereits andere Traufkinder von geweihtem Wasser berieselt wurden.

Schweißnass wurde ich wach und schälte mich eilig aus meiner strammen Verpackung. Meine Chefin würde mich wahrscheinlich zur Schnecke machen, denn sie hasste es, wenn sich ihre Angestellten verspäteten.

Die nächsten Tage vergingen zwar wie gewohnt, aber meine Ängste nahmen keineswegs ab. Jeden Morgen studierte ich aufmerksam die Lokalseiten des *Mannheimer Morgen,* immer auf der Suche nach einem Artikel über einen grausigen Fund oder ein rätselhaftes Verbrechen in der Quadratestadt. Franzi nahm meine Befürchtungen nicht besonders ernst, hatte aber offensichtlich Mitleid mit mir.

»Wenn es dich beruhigt, kann ich mir ja mal im *Bella Bimba* die Haare schneiden lassen und mich gleichzeitig ein bisschen umhören. Vielleicht erfahre ich dabei, dass der Hase längst wieder munter durch die Gegend hoppelt …«

Auf meine Bitte hin wollte sie sich für den kommenden Samstag einen Frisörtermin geben lassen, was leider nicht klappte. Auf keinen Fall erlaubte ich ihr aber, dass sie Esther einweihte und als Spionin einsetzte. Franzi musste versprechen, dass sie mit keiner Menschenseele über den Vorfall reden würde, und vor allem nicht mit unseren neugierigen Klubschwestern.

Da unser letztes Treffen im Hermannshof anscheinend allen besonders gut gefallen hatte, sollte die nächste Runde ebenfalls im Freien stattfinden, denn das sonnige Spätsommerwetter würde bestimmt nicht mehr lange anhalten. Zu unserer Überraschung schlug Corinna ein verwunschenes Ziel vor, nämlich Weinheims Alten Friedhof an einem Hang oberhalb der Peterskirche. Etwa seit hundert Jahren werden dort keine Toten mehr bestattet, aber verwitterte Grabsteine, efeuumschlungene Bäume, Eichhörnchen und Vögel sorgen für einen naturnahen Ort des Friedens. Heide war überhaupt nicht einverstanden, es sei geradezu ein Sakrileg, zu Füßen geborstener Kreuze und trauernder Engel Wein zu trinken, Antipasti zu verputzen und den lieben Gott einen guten Mann sein zu lassen. Corinna setzte sich aber letzten Endes durch. Bereits im Schlosspark hätten wir uns direkt vor einem

Mausoleum niedergelassen, und keine hätte sich daran gestört. Dann erzählte sie ausführlich von einer Türkeireise, wo sie einen muslimischen Friedhof besucht hatte. Direkt auf den Gräbern hätten Familien ihren Picknickkorb ausgepackt und ihre toten Verwandten in liebevollem Gedenken daran teilnehmen lassen. Das sei keineswegs eine pietätlose Entweihung gewesen, für unsere Kultur nur etwas ungewohnt. Tod und Leben gehörten zusammen, sagte sie, und es sei richtig, wenn wir uns bei aller Fröhlichkeit auch der Endlichkeit unseres Daseins bewusst wären.

Das waren ja ganz neue Töne. Keine wagte es, zu widersprechen. »Das Wort zum Sonntag«, murmelte Eva. Also trafen wir uns erneut an einem Sonntag und wanderten, begleitet von kirchlichem Glockengeläut, zwischen uralten Platanen zum Friedhof hinauf.

»Jelena fehlt noch«, bemerkte Eva, »aber sie wird uns sicherlich finden beziehungsweise hören! Das Gelände ist ja überschaubar.«

»Sie kommt ein bisschen später«, sagte Heide. »Heute früh hat sie mich angerufen und gesagt, wir sollen mit dem Picknick schon mal anfangen.«

Wir machten uns keine Gedanken über Jelenas Verspätung, sondern freuten uns über die klare Luft und den herbstlichen Geruch nach Pilzen.

Als die Glocken verstummten, vernahm man außer unserem eigenen Geschnatter nur noch den fernen Verkehrslärm, dafür aber Vogelrufe und das sanfte Rauschen alter Bäume. Als Pflanzenfotografin hatte ich mein Eldorado gefunden.

Oben angekommen, suchten wir uns einen lauschigen Platz auf steinernen Grabplatten, wo wir hinunter auf das Weschnitztal und den Mühlenturm blicken konnten.

»Wunderbar!«, fand Corinna. »Wir müssen uns nicht mal auf den feuchten Waldboden setzen. Seht ihr endlich ein, dass es kaum einen geeigneteren Ort gibt?«

Ich hatte zwar zu Hause schon eine Tasse Kaffee getrunken, aber noch nichts gegessen. Deswegen konnte ich es kaum erwarten, dass Eva die mitgebrachten Köstlichkeiten ausbreitete und wir zulangen durften. Irgendwann, als fast alles aufgegessen war, hörten wir Kinderstimmen. Ein paar Minuten später stand Jelena mit ihren Zwillingen vor uns.

»Ich konnte die Buben ja nicht unbeaufsichtigt zu Hause lassen – meine Nachbarin ist plötzlich krank geworden«, sagte sie erklärend. »Und meinen Ex kann ich einfach nicht erreichen, sehr ärgerlich. Ich nehme an, Andreas ist mal wieder versackt.«

Bei der Erwähnung dieses Namens warf ich Franzi einen Blick zu, doch sie grinste nur.

Die zwei Jungen mochten etwa vier Jahre alt sein und gaben uns auf Befehl ihrer Mutter widerwillig die Hand. Zum Glück waren noch ein paar Kekse übrig, die Eva den Kindern anbot. Aber Jelena hatte ihrerseits einen Imbiss mitgebracht, denn sie wusste ja, dass wir mit weiteren Gästen nicht gerechnet hatten.

Doch Heides Interesse war geweckt. Sie wollte mehr über Jelenas Ex wissen und fragte ebenso direkt wie plump: »Was meintest du mit *versackt*? Wir brüsten uns doch alle mit unseren Macken und haben keine Geheimnisse voreinander. Unter uns Pastorentöchtern kannst du ruhig mal Dampf ablassen und über deinen Mann lästern!«

Jelena kramte zwei Seifenblasen-Sets und einen Ball aus ihrem Rucksack, um die Kinder zu beschäftigen.

»Wir waren nie verheiratet«, sagte sie. »Als er seinen Job verlor, fing er an …«, sie drehte sich um, ob die Kinder auch wirklich außer Hörweite waren, »fing Andreas an zu trinken, nicht täglich, aber immer wieder bis zum Umfallen. Quartalssäufer nennt man das wohl. Es war nicht zum Aushalten.«

»Und trotzdem wolltest du ihm deine Kinder anvertrauen?«, fragte Corinna streng.

»Er liebt seine Söhne, und ich finde, auch die Jungs haben ein Recht darauf, ihren Vater gelegentlich zu sehen. Alle paar Wochen holt er sie ab, dann ist er immer nüchtern. Sie gehen meistens auf einen Spielplatz und toben ein bisschen herum, wozu ich oft zu müde bin.«

»Zahlt er wenigstens regelmäßig Unterhalt? Was hat er überhaupt für einen Beruf?«, fragte Corinna besorgt.

»Als er noch als Uhrmacher in einem Juweliergeschäft angestellt war, hat er ganz gut verdient. Dann ging der Laden in Konkurs. Andreas hat das nicht verkraftet und lebt jetzt von Harz IV.«

Beim Stichwort *Uhrmacher* wurde ich blass, auch Franzi zuckte zusammen und sah mich ungläubig an. Konnte das noch ein Zufall sein? Jetzt wollte sie es wissen.

»Wie heißt dein Ex mit vollem Namen?«

»Warum fragst du? Früher fand ich es witzig, weil er sagen konnte: *Mein Name ist Hase.* Schon deswegen hätte ich ihn gern geheiratet. Heute bin ich heilfroh, dass es nicht dazu gekommen ist. – Aber schaut doch mal nach oben! Die Wolke über mir sieht aus wie ein Totenkopf mit zwei Röhrenknochen, das ist ein böses Vorzeichen!«

Mir lief es eiskalt den Rücken hinunter, aber Corinna kehrte die Lehrerin heraus und meckerte:

»Quatsch keine Opern! Bisher hast du immer etwas Erfreuliches am Himmel entdeckt, dabei sollte es auch bleiben. Basta! – Übrigens ist es keine gute Idee, Fußball auf abschüssigem Gelände zu spielen …«

Sie deutete mit dem Finger auf den bunten Ball, der immer schneller bergab rollte. Die Kinder rannten natürlich hinterher, stolperten und fielen fast synchron auf die Nase. Ein plötzlich einsetzendes lautes Wehgeschrei durchdrang die sonntägliche Stille. Jelena und Heide spurteten los, um den Zwillingen zu helfen.

Eva saß kerzengerade im Lotossitz auf der Steinplatte und schüttelte missbilligend den Kopf.

»Wenn man sich schon von Montag bis Freitag mit dem verwöhnten Nachwuchs herumplagen muss, will man eigentlich am Sonntag davon verschont bleiben.«

Ihre Kollegin Corinna nickte zustimmend. Franzi und ich tauschten Blicke, gern hätten wir uns jetzt davongeschlichen, um die neuen Tatsachen unter vier Augen zu besprechen. Aber wir wollten auf keinen Fall den Anschein erwecken, dass uns die heulenden Kinder vertrieben hätten.

Erst als wir unseren Abfall zusammengesucht und in Corinnas Rucksack gestopft hatten, löste sich die Runde auf. Endlich konnten Franzi und ich auf dem gemeinsamen Heimweg die Lage besprechen.

»Klar, dass Jelena ihren Ex nicht erreichen kann, denn er hat schließlich kein Handy mehr«, sagte Franziska. »Aber es ist doch irgendwie ein merkwürdiger Zufall, dass ausgerechnet Jelenas Mann deine Tasche gefunden hat! Schließlich wohnt er in Mannheim.«

»Möglicherweise war es gar kein Zufall. Andreas Haase war an diesem Tag ausnahmsweise in Weinheim, weil er auf seine Kinder aufpassen sollte. Wie Jelena erzählte, geht er bei schönem Wetter mit ihnen nach draußen, diesmal vielleicht auf den Spielplatz an der Schlossparkmauer. Am Ende wollte er Jelena sogar aus sicherer Entfernung ein bisschen bespitzeln. Mein Gott, dann hat er uns bestimmt beobachtet und gesehen, mit wem sie sich getroffen hat.«

Das leuchtete Franzi ein. »Statt mit seinen ungestümen Söhnen auf der verkehrsreichen Straße heimzulaufen, ist er mit ihnen lieber quer durch den Hermannshof gegangen. Dabei hat er die Tasche auf der Gartenbank entdeckt und einfach kassiert.«

Ich nickte, schwieg eine Weile und hing meinen finsteren Gedanken nach.

»Jelena hat in der Wolke einen Totenkopf gesehen, wahrscheinlich ahnt sie längst, dass der Vater ihrer Kinder nicht mehr lebt!«

»Nun fängst du auch noch mit diesem Nonsens an! Auch ich habe mit euch in den Himmel geschaut. Man konnte in der bewussten Wolkenformation genauso gut eine Vase mit Sonnenblumen erkennen. Nächstes Mal machst du ein Foto, und ich beweise dir, dass man mit etwas Fantasie alles Mögliche in so ein flüchtiges Gebilde hineininterpretieren kann.«

Franzi hatte mich missverstanden. Ich war ja nicht so naiv, an wahrsagende Wolken zu glauben. Aber ich konnte mir vorstellen, dass Jelena ein Medium brauchte, um sich über ihre verdrängten Ahnungen Klarheit zu verschaffen.

5
FreigeistInnen

Unser Klub hatte paarweise zusammengefunden. Franzi und ich kannten uns bereits als Teenager. Sie wiederum stand durch ihren Beruf als Schulsekretärin in engem Kontakt mit den beiden befreundeten Lehrerinnen Eva und Corinna. Bei der Hochzeit einer Verwandten hatte Eva lange neben der Freudenrednerin Heide gesessen und sich ausgezeichnet mit ihr unterhalten. Der Kreis schloss sich, als Heide uns von Jelena erzählte, die zweifellos als Wolkendeuterin die merkwürdigste Macke hatte. Jelena saß an der Kasse eines Supermarkts und hatte Heide darauf aufmerksam gemacht, dass ihr gerade ein Hunderteuroschein aus der Brieftasche geflutscht war. Aus dieser kleinen Episode hatte sich eine fast innige Freundschaft entwickelt.

Wahrscheinlich war das der Grund, dass wir uns zwar regelmäßig zu sechst versammelten, doch abgesehen von den Klubterminen uns fast nur mit der speziellen Busenfreundin trafen. Wir waren somit drei weibliche Paare: Franzi, die Schulsekretärin, und ich, die Apothekenhelferin. Corinna und Eva, die beiden Lehrerinnen. Heide, die Büroangestellte, und Jelena, die Kassiererin. Der gemeinsame Nenner war laut Corinna unsere Spleenigkeit; Eva wollte den Klubnamen sogar ändern, lehnte die *Spinnerinnen* ab und sprach von *FreigeistInnen*. Heide fand jedoch, man sollte sich keinen Kopf über eine passende Schublade machen, sondern einfach nur einen lustigen Abend miteinander verbringen. Und so war es ja auch meistens, es tat gut, ganz ohne kopfschüttelnde Männer wie ausgelassene Teenager herumzualbern.

Vielleicht fiel es mir deswegen schwer, Jelena anzurufen. War es nicht auffällig, wenn ich mich nach dem Befinden des Kindsvaters erkundigte? Oder mit irgendeinem banalen Vorwand zu beginnen, nur um über Umwege zur Sache zu kommen? Ich beschloss, einfach mal in Jelenas Supermarkt einzukaufen, um sie ganz zufällig an der Kasse anzutreffen. Allerdings hatte auch das einen Haken: Sie arbeitete immer dann, wenn auch ich in meiner Apotheke Cortison-Salben anrührte, Hämorrhoiden- und Nagelpilz-Salbe empfahl und fast wie sie am laufenden Band kassierte.

Weil ich es nicht mehr aushalten konnte, versuchte ich es gleich in der nächsten Mittagspause, fuhr rasch zum Supermarkt und hatte Glück: Jelena saß an Kasse drei und trug einen Kittel mit zwei-farbigem Firmenlogo und Namensschild. Ziemlich wahllos packte ich fünf Bananen, ein günstiges Waschpulver-Sonderangebot, ein Toastbrot, grie-chischen Joghurt, ein Päckchen Backpulver und einen Beutel geröstete Cashewkerne in den Ein-kaufswagen und wartete, bis es keine Schlange vor und hinter mir gab. Gebannt starrte ich auf Jelenas schlanke Finger, die anmutig und blitzschnell die Tastatur bedienten. Dabei fiel mir ihr bildschöner Ring auf, wohl ein Erbstück, das so gar nicht zu dieser profanen Tätigkeit passte.

»Hallo, Nina! Dich hab ich hier noch nie gese-hen!«, sagte Jelena sichtlich erfreut. »Aber wahr-scheinlich kommst du immer dann, wenn ich schon wieder weg bin – um halb fünf muss ich meine Jungs abholen …«

Eine günstige Gelegenheit, um sich nach dem säumigen Erzeuger ihrer Brut zu erkundigen. Sie habe ihn noch nicht erreicht, sagte Jelena. »Er kann mich mal …«

Vielleicht kann er gar nichts mehr, dachte ich.

»Wie ich sehe, hast du deine Handtasche wieder zurück«, sagte Jelena. »Fundbüro?« – »Ja natür-lich«, nuschelte ich, zahlte und fuhr rasch zurück in die Apotheke.

Als ich am frühen Abend nach Hause kam, begegnete ich meinem wunderlichen Wohnungsnachbarn. Der Makler hatte ihn als *einsamen Wolf* bezeichnet, und so nannte ich ihn insgeheim immer noch. Er hatte wohl selten Besuch und schien tagsüber eher zu schlafen. Vielleicht waren Wölfe genau wie Vampire nur nachts aktiv, denn wenn ich ausnahmsweise spät nach Hause kam, hörte ich ihn noch zur Geisterstunde auf und ab gehen. Im Fernsehen hatte ich kürzlich eine Dokumentation über Wolfswanderungen quer durch halb Europa gesehen. Diese verstoßenen Rüden waren mit großer Ausdauer auf der Suche nach einer Partnerin, um ein eigenes Rudel zu gründen.

»Salut! Gut, dass ich dich mal sehe«, sagte er. »Heute stand so ein komischer Typ hier oben vor deiner Tür und hat wiederholt geläutet und geklopft. Irgendwie war er mir nicht ganz geheuer. Aber klingeln Einbrecher derart beharrlich?«

»Wie sah er aus?«, fragte ich.

»Wie ein ungemachtes Bett«, knurrte der Wolf, der selbst nicht gerade wie aus dem Ei gepellt daherkam. Mehr sagte er nicht, sondern lief weiter treppab, während ich ja hinaufmusste, obwohl mir das Herz fast stehenblieb. Der Wolf trifft den Hasen, dachte ich, aber in diesem Fall war mir ein Wolf tausendmal lieber.

Für mich konnte es kaum etwas Bedrohlicheres geben als einen Rachefeldzug des schwer verletzten Andreas Haase. Sekundenlang tauchte die Schreckensvorstellung meiner Kindheit wieder auf: ein Henkersknecht, der mir die Beine abhacken wollte! Doch wenn der Eindringling eine Axt in der Hand gehabt hätte, wäre es meinem Zimmernachbarn wahrscheinlich aufgefallen.

Sah ich jetzt Gespenster? War der fremde Mann an meiner Tür gar nicht Andreas Haase gewesen, sondern ein harmloser Paketbote? Aber eigentlich ließ ich bestellte Ware an meinen Arbeitsplatz liefern, diese Möglichkeit schied also aus. Die Briefkästen befanden sich sowieso an der Straßenfront. Zusätzlich fiel mir noch ein, dass man erst mal unten an der Haustür klingeln musste, um überhaupt ins Treppenhaus zu gelangen. Allerdings konnte ein cleverer Typ auch den Buchladen im Parterre betreten und von dort aus in den Flur schleichen, wenn die Verkäuferin gerade abgelenkt war. Oder man konnte einfach mit einem anderen Mitbewohner hineinschlüpfen, wenn der gerade kam oder ging. Allein schon die spanische Familie bestand aus fünf Personen. Es war also kein Wunder, wenn ich mich bedroht fühlte und Angst hatte, die kommende Nacht einsam und schutzlos verbringen zu müssen. Meine Wohnungstür war für einen Profi sicher leicht zu knacken, vielleicht sollte ich ein zweites Schloss oder einen altmodischen schweren Riegel anbringen lassen.

Nachdem ich mich etwas beruhigt hatte, wollte ich mich von Franzi trösten lassen. Aber sie war nicht da, hatte sowieso viel früher Feierabend als ich und sang einmal pro Woche in einem Lehrerchor, nämlich ausgerechnet heute. Wie ich ihren begeisterten Erzählungen entnahm, gefiel ihr nicht nur das musikalische Programm, sondern neuerdings auch ein junger Lateinlehrer. Am liebsten hätte ich ebenfalls das Haus verlassen, hatte aber wenig Lust, auf gut Glück eine der Altstadtkneipen aufzusuchen. Jetzt hätte ich dringend einen zuverlässigen Freund gebraucht oder gar einen, mit dem ich dauerhaft zusammenleben könnte. Meine bisherigen Beziehungen waren stets schnell zu Ende gegangen, vielleicht lag es sogar daran, dass den meisten Männern meine stramme nächtliche Verpackung auf die Dauer nicht behagte.

Irgendwann war ich aber zu müde, um noch etwas zu unternehmen, rollte mich fest in meine Decke und schlief ein. Vorsichtshalber aber ohne Ohrstöpsel, um sofort hören zu können, wenn sich an meiner Wohnungstür etwas tat. In tiefer Nacht wurde ich wieder wach, weil ich schlecht geträumt hatte. Bisher hatten mich die knarrenden Dielen des alten Hauses zu keiner Tageszeit gestört, jetzt, wo alles draußen ruhig geworden war, hörte ich deutlich, dass der einsame Wolf in der Nachbarwohnung herumlief. Eigentlich müsste man sich drüber ärgern, aber in meiner momentanen Verfassung wirkte es beruhigend auf mich. Ich werde ihn nicht mehr *Wolf*, sondern *Wachhund* nennen, dachte ich. Wie hieß er aber tatsächlich? Sein Vorname war in Deutschland selten, der Nachname allerdings ziemlich häufig. Ich erinnerte mich vage an die ausgeblichene Schrift auf seinem Briefkasten: *Yves Baumann,* und vor allem an unsere erste peinliche Begegnung.

Alexander, also Franzis Bruder, hatte uns in seiner Eigenschaft als Immobilienmakler die Wohnungen vermittelt. »Neben dir wohnt ein einsamer Wolf, vor dem du dich aber nicht zu fürchten brauchst«, hatte er grinsend gesagt.

Schon einen Tag nach meinem Einzug traf ich meinen neuen Zimmernachbarn im Treppenhaus. »Hallo, Wolf!«, sagte ich fröhlich. Er runzelte die Stirn. »Mein Name ist Yves Baumann«, sagte er etwas ungehalten.

Ich wollte die Situation irgendwie retten. »Ich habe dich gerade mit einem Bekannten verwechselt«, log ich und wurde rot.

Als ich noch darüber nachdachte, ob dieser Yves vielleicht mein Retter in bedrohlichen Situationen sein könnte, ärgerte ich mich gleich darauf über mich selbst. Warum hatte ausgerechnet ich noch uralte Klischees im Kopf, in denen eine dumme Nuss immer von einem Helden gerettet wird. Auch Frauen konnten wehrhaft und mutig sein, Franzi hatte mir zum Beispiel tapfer zur Seite gestanden, ich selbst hatte den trunkenen Hasen mit aller Kraft von mir gestoßen. Soll er nur kommen, dem werde ich's geben, dachte ich wild entschlossen. Von jetzt an würde ich eine schwere Eisenpfanne neben meinem Bett deponieren.

Am nächsten Tag hatte ich keinen Spätdienst und war bereits am Nachmittag zu Hause. Als es bei mir klingelte, war ich überrascht und ärgerte mich einmal mehr, dass wir keine Gegensprechanlage hatten. Trotzdem betätigte ich den Summer, öffnete die Wohnungstür und lauschte ängstlich ins Treppenhaus hinunter. Von dort hörte ich Kinderstimmen, und bald darauf erspähte ich Jelena mit ihren Zwillingen. Sie war bisher nur bei einem Klubtreffen hier gewesen. Etwas atemlos kam sie oben an.

»Hallo, du hast gestern etwas liegenlassen«, sagte sie und streckte mir ein Päckchen Backpulver entgegen. »Es ist immer blöd, wenn man gerade einen Kuchen anrührt und plötzlich feststellt, dass etwas fehlt. Du warst so in Eile, dass du mich gar nicht hast rufen hören!«

Natürlich musste ich mich tausendmal für das völlig überflüssige Backpulver bedanken und sie hereinbitten. Sie wolle aber gleich wieder gehen, sagte Jelena, und für einen Kaffee sei es ohnehin schon zu spät. Trotzdem ließ sie sich auf meinem Sofa nieder und musterte aufmerksam das unaufgeräumte Ambiente. Die kleinen Jungs zeigten ihre Neugierde noch viel ungenierter, krochen unter den Tisch, sausten auf dem Flur herum und von dort aus in die Küche. Fehlt nur noch, dass sie mein Bett als Trampolin benutzen, dachte ich etwas ärgerlich.

In diesem Augenblick kamen die beiden schon wieder hereingestürmt, der eine streckte seiner Mutter den silbernen Becher entgegen und rief: »Der Papa hat auch so einen!«

»Viele Leute haben genau so einen«, sagte Jelena, »man hat ihn wohl zur Taufe verschenkt und auf der Unterseite den Namen des Kindes eingraviert.«

Bevor ich es verhindern konnte, nahm sie dem Kind das Corpus Delicti aus der Hand und drehte es um. Anscheinend konnte sie es kaum glauben, als sie den Namen ihres Mannes entdeckte. Fassungslos starrte sie mich an, so dass mir siedend heiß wurde.

»Wo hast du den Becher her?«, fragte sie.

»Den hab ich gefunden«, stotterte ich.

»Und wo?«, fragte sie misstrauisch.

»Auf dem Spielplatz am Schlosspark«, sagte ich geistesgegenwärtig.

Jelena runzelte zornig die Stirn. »Das ist mal wieder typisch für Andreas, dass er seinen Schnapsbecher und sicher auch einen Flachmann mitnimmt, wenn er mit den Kindern unterwegs ist. Du kannst das gute Stück ruhig behalten, vielleicht ist es ihm ja eine Lehre!«

»Hast du ihn denn inzwischen erreicht?«, fragte ich.

»Das hast du gestern schon gefragt. Nein, aber ich versuche es gar nicht mehr. Wenn ihm seine Kinder auch nur ein bisschen wichtig sind, wird sich der Herr ja wohl irgendwann mal melden.«

Um noch etwas Freundliches zu sagen, deutete ich auf ihren Ring und meinte: »Ist das ein Erbstück? Schon als ich dich an der Kasse sah, ist mir der blaue Saphir aufgefallen. Wunderschön!«

»Ja, schön ist er schon«, sagte sie, zog den Ring vom Finger und reichte ihn mir. »Deswegen trage ich ihn immer noch, obwohl er mir im Grunde verleidet ist. Aber der Ring kann ja nichts dafür, dass Andreas ihn mir geschenkt hat.«

»So ein wertvolles Stück?«, fragte ich staunend.

»Als er noch in einem Uhren- und Schmuckladen angestellt war, wurde der Ring mal in Zahlung gegeben. Andreas konnte ihn wohl günstig erwerben. Er sollte sozusagen als Verlobungsring gelten. – Aber wenn ich darüber nachdenke, möchte ich ihn eigentlich gar nicht mehr anziehen.«

»Ich besitze ein ähnliches Geschenk von einem verflossenen Lover«, sagte ich. »Diesen Ring habe ich nie mehr getragen, obwohl er an sich ganz hübsch und bestimmt auch wertvoll ist.«

Mit diesen Worten ging ich ins Schlafzimmer und kramte den Rubin aus der untersten Schublade meiner Wäschekommode. Jelena steckte ihn ihrerseits an den rechten Mittelfinger. »Der gefällt mir fast besser als meiner«, fand sie.

»Wir sollten vielleicht tauschen?«, sagte ich, halb im Spaß. Jelena zögerte jedoch keine Sekunde, grinste breit und sagte: »Gute Idee!«

Dann stand sie auf, schnappte sich je ein Kinderhändchen und verließ mich mitsamt meinem ungeliebten Ring. Ich wiederum hatte einen zierlichen Biedermeier-Schmuck erhalten, der mir gut gefiel und genau an den kleinen Finger passte. Allerdings war ich genauso schlau wie zuvor.

Im Gegensatz zu Jelena war mir zwar bekannt, dass der Hase kein Handy mehr hatte. Aber lebte er überhaupt noch? Lag er vielleicht schwer verletzt im Krankenhaus? Oder war die Wunde gar nicht besonders schlimm gewesen, ging es ihm längst wieder gut, und sann er auf Rache? War er es, der an meiner Tür gestanden und geklingelt hatte? Hatte er sich überhaupt meinen Namen und meine Adresse gemerkt? Wenn ja, würde er demnächst kommen, um seinen Schnapsbecher und sein Handy zurückzuverlangen? War ihm überhaupt klar, dass sein Silberschatz von mir beschlagnahmt worden war? Fragen über Fragen, die mich permanent quälten. Und dabei konnte ich zu diesem Zeitpunkt gar nicht ahnen, was mir noch alles bevorstand.

Das nächste Klubtreffen fand nicht im Freien statt, denn es war Regen angesagt. Wir versammelten uns bei Corinna, die am meisten Platz und überhaupt die größte und edelste Wohnung besaß. Sie ließ sich auch nicht lumpen und hatte Quiche Lorraine und Feldsalat mit gerösteten Pinienkernen vorbereitet. Als gleich vier Frauen in die Küche eilten, um beim Auftragen zu helfen, blieben nur Jelena und ich auf dem gemütlichen Sofa sitzen.

»Übrigens …«, sagte sie leise. »Du hast doch schon ein paarmal nachgefragt – Andreas hat sich gestern bei mir gemeldet und behauptet, man habe ihm das Handy geklaut. Natürlich glaube ich ihm kein Wort, aber ich konnte ihm nicht gut verbieten, mit seinen Kindern zu reden. Nach dem kurzen Gespräch waren meine Zwerge richtig glücklich und erzählten, der Papa werde mit ihnen demnächst an die Weschnitz gehen und Enten füttern. Was soll ich machen? Einerseits will ich ja nie mehr etwas mit ihm zu tun haben, andererseits lieben ihn die Jungs. Sie würden mir später mal vorwerfen, ich hätte ihnen den Vater vorenthalten ...«

Ich überlegte blitzschnell, wie ich ihr mit guten Argumenten eine endgültige Trennung empfehlen könnte.

»Besser gar kein Vater als ein unzuverlässiger Säufer und enttäuschte Erwartungen«, sagte ich nach der ersten Schrecksekunde.

Jelena schaute auf ihr Handy, ihre Nachbarin meldete sich. Die Zwillinge würden keine Ruhe geben, weil sie vor dem Einschlafen das Märchen vom süßen Brei hören wollten. Wo man das Buch denn finden könnte? Jelena erklärte der Babysitterin ausführlich, wie sie die Zwillinge zufriedenstellen sollte, gleichzeitig wurde das Essen hereingebracht, und von da an war Andreas Haase kein Thema mehr. Erst auf dem Heimweg dachte ich wieder an ihn.

War es nun eine gute oder schlechte Nachricht, dass er weder tot war noch im Koma in einer Klinik lag? Immerhin war ich keine Mörderin. Andererseits erinnerte er sich jetzt wohl an die peinliche Szene in seiner Wohnung und an seine eigene unrühmliche Rolle. Da er von Sozialhilfe lebte, konnte er sich vielleicht kein neues Handy leisten, wollte seines zurückhaben und sann auf Rache für die Demütigung.

»Du bist so still«, sagte Franzi, als wir schon fast zu Hause angekommen waren. »Was ist los? Hast du Sorgen?«

»Der Hase lebt!«, sagte ich.

»Daran habe ich keine Sekunde gezweifelt«, meinte Franzi. »An einer blutenden Kopfwunde stirbt man nicht – das sieht immer schlimmer aus, als es ist. Du hast deinem Ruf als Spinnerin mal wieder alle Ehre gemacht, als du dich schon als Mörderin im Knast gesehen hast. Das grenzte ja fast an Paranoia! Aber nun kannst du hoffentlich wieder ruhig schlafen.«

»Ganz im Gegenteil«, jammerte ich. »Von einer Leiche hätte ich schließlich nichts zu befürchten! Als ich neulich nicht zu Hause war, hat angeblich ein heruntergekommener Typ bei mir geklingelt!«

»Dir kann es auch keiner recht machen«, sagte Franzi und schloss die Haustür auf. »Meine Mutter hätte gesagt: ›Wenn du so zickig bist, kriegst du nie einen Mann!‹ – Willst du vielleicht lieber bei mir übernachten? *Mi casa es tu casa!*«

Aber ich schüttelte den Kopf.

6

Die Babypuppe

Im Gegensatz zu meinen Freundinnen bin ich eine Frühaufsteherin, selbst im Urlaub kann ich nicht lange schlafen. An jenem Sonntagmorgen war ich bereits um acht Uhr mit dem Frühstück fertig und hatte bloß für den Nachmittag eine Joggingtour durch den Exotenwald geplant. Schon lange hatte ich allerdings vor, endlich etwas Ordnung in meine gigantische Fotosammlung zu bringen.

In letzter Zeit hatte ich mein Hobby – oder meine Macke – nämlich etwas vernachlässigt. Ich hatte zwar weiterhin mickrige Pflänzchen fotografiert, war aber im Grunde nicht mehr mit Feuer und Flamme bei der Sache. Nachdenklich saß ich vor meiner letzten Ausbeute und betrachtete das heitere Mickey-Mouse-Gesicht eines winzigen Hornveilchens und als Nächstes einen gut getroffenen stolzen Löwenzahn. Das heißt, für mich war es eigentlich eine Pusteblume, wie Kinder die abgeblühte Pflanze nennen. Unendlich viele winzige weiße Fallschirme warten auf eine sanfte Brise, um hinaus in die Welt zu schweben und irgendwo am Straßenrand, auf einem gepflegten Rasen oder in einem Blumenbeet zu landen. Bis hierhin geht es zu wie in einem luftigen, anmutigen Märchen. Der kleine Löwenzahn, der irgendwann heranwächst, wird aber in den meisten Fällen unbarmherzig herausgerissen und landet im Kompost. Dabei gibt es kaum ein anderes Blümchen, das wie eine goldene Sonne leuchtet und dessen Blätter sich außerdem noch für einen zart-bitteren Salat verwenden lassen. Ich beschloss, ein großes Poster von diesem Foto machen zu lassen und es in meiner etwas düsteren Küche an den Kühlschrank zu heften. Oder war das ein bisschen zu langweilig und fantasielos?

Beim Scrollen und Ordnen in meinem Archiv stieß ich plötzlich auf ein artfremdes Foto – es war das Porträt meiner Tante Karin. Gut getroffen, lobte ich mich. Ob es am Ende vielleicht interessanter war, Menschen zu fotografieren? Meine Tante hatte zwar ein freundliches Lächeln aufgesetzt, aber die steile Falte über der Nasenwurzel verriet ihre Anspannung. Ganz klar, die angeblich überhaupt nicht eitle Karin bemühte sich krampfhaft, gut auszusehen. Trotz ihres Alters wollte sie jugendlich wirken, aber ihre sorgfältig gewellten Haare zeugten von einem aus der Mode gekommenen Geschmack. Je länger ich sie betrachtete, desto mehr gab sie mir Rätsel auf. Schließlich hatte ich nie verstanden, wieso sie sich dieses lebensechte, allerliebste, doch irgendwie unheimliche Puppenbaby angeschafft hatte. Irgendetwas Verkniffenes hat sie schon, dachte ich, und plötzlich fiel mir eine Bemerkung meines Vaters wieder ein. Als ich ein Teenager war, hatte er behauptet, ich sähe seiner Schwester auffallend ähnlich, was meine Mutter allerdings bestritt. Spontan beschloss ich, Tante Karin einfach mal anzurufen und mich nach dem Befinden meines Patenkindes zu erkundigen. Sie schien sich zu freuen.

»An Sonntagen ruft mich kaum jemand vor elf Uhr an, das hast du von mir geerbt, ich gehöre ja auch zu den Lerchen. Der frühe Vogel fängt den Wurm! Gut, dass du dich mal meldest«, sagte Karin. »Ich habe nämlich vor, dich zu überfallen. Nächste Woche will ich vielleicht einen …« Sie zögerte kaum merklich und fuhr fort: »… einen Bekannten in Heidelberg besuchen, da komme ich sozusagen bei dir vorbei! Und in Weinheim war ich noch nie, obwohl es von Frankfurt ja wirklich nur ein Katzensprung ist. Schon Goethe hat auf seinen Reisen bei euch Station gemacht.«

»Stimmt, in der ›Alten Post‹ wurden die Pferde gewechselt und Bergsträßer Wein probiert. –

Kommst du mit dem Auto oder soll ich dich vom Bahnhof abholen?«

»Ich habe meinen Polo schon vor zwei Jahren abgeschafft, aber Paul hat mir ein Taxi spendiert. Großzügig, nicht wahr?«

Das ist wirklich eine noble Geste von besagtem Paul, dachte ich. Eine einstündige Fahrt von Frankfurt nach Weinheim war bestimmt nicht billig. Prinzipiell freute ich mich zwar über ihren Vorschlag, aber ich war schließlich berufstätig und stand tagsüber nicht zur Verfügung. Doch zum Glück wollte sie am Wochenende kommen, das passte natürlich gut. Und wirklich, am nächsten Samstag trudelte Tante Karin gegen Mittag bei mir ein.

Als ich ihr die Tür öffnete, musste ich laut lachen, denn sie trug doch tatsächlich ihr Vinylbaby auf dem Arm. Sie nahm es mit Humor.

»Ich konnte die Kleine doch nicht gut allein lassen! Allerdings steht der Kinderwagen noch unten, den mochte ich ungern die steilen Treppen hinaufschleifen!«

Erst als die Reborn-Puppe namens Nina einen Platz auf meinem Lieblingssessel erhalten hatte, konnte ich Karin meine kleine Wohnung zeigen und den kaltgestellten Piccolo öffnen. Sie zeigte sich vor allem über die idyllische Lage begeistert.

»Ein so entzückendes Nest mitten in der Altstadt wäre in Mainhattan nicht zu bezahlen«, meinte sie. »Aber ich bin nicht neidisch, denn heute werde ich in Heidelberg fast fürstlich residieren! Paul hat mir ein Zimmer im Hotel ›Zum Ritter‹ besorgt, dort werden wir auch zu Abend essen. Dabei fällt mir ein, kann ich Klein-Nina bis morgen bei dir lassen? Es wäre mir ein bisschen peinlich im Hotel …«

Warum hast du sie denn überhaupt mitgenommen, dachte ich, nickte aber brav, wenn auch verständnislos. Wie verrückt musste man eigentlich sein, um eine maßstabsgetreue Babypuppe und dazu noch einen sperrigen Kinderwagen für einen Wochenendtrip mitzunehmen! Doch ich überlegte bereits, wie ich mit diesem täuschend echten Säugling meiner Freundin einen Streich spielen könnte. Allerdings wusste Franzi über das seltsame Hobby meiner Tante Bescheid und würde mir wohl kaum auf den Leim gehen.

Ich konnte es Tante Karin nicht abschlagen, dass sie nach einer kurzen Pause meine neue Heimat besichtigen wollte. Es war mir unangenehm, als sie die Puppe im Kinderwagen unbedingt durch das malerische Gerberbachviertel fahren wollte. Allerdings erwies es sich dann doch nicht als Problem, weil weder Touristen noch Einheimische realisierten, dass es sich um kein echtes Baby handelte. Nur ein kleines Mädchen blieb stehen, beugte sich über mein Patenkind und rief: »Das ist ja nur eine Puppe!«

»Red kein' Stuss«, sagte die Mutter und zog ihre Tochter weg. Ich musste an ein Märchen denken, wo einzig ein Kind die Wahrheit ausspricht: Der Kaiser war keineswegs in prächtige Gewänder gehüllt, sondern in Wahrheit splitterfasernackt. Nach dem kleinen Rundgang saßen wir vor dem Café Florian auf dem Marktplatz, tranken Campari Orange und teilten uns eine Portion Tapas, wobei Tante Karin den Kinderwagen nicht aus den Augen ließ. Ich war natürlich neugierig und wollte herauskriegen, ob Paul ein alter Freund oder ein neuer Liebhaber war. Meine Tante lächelte geheimnisvoll und ließ sich nur ungern die Würmer aus der Nase ziehen. Immerhin erfuhr ich, dass sie diesen Mann durchs Internet kennengelernt hätte und sie schon seit ein paar Wochen auf freundschaftliche Weise in Kontakt stünden. Heute wollten sie sich zum ersten Mal leibhaftig begegnen.

Bei mir schrillten zwar die Alarmglocken, andererseits war Karin trotz ihres Spleens eine lebenserfahrene und intelligente Frau, die wusste, was sie tat. Sollte ich zur Spaßbremse werden? Ich gönnte ihr ja, dass sie sich mal mit einem lebendigen

Mann und nicht mit einer Babypuppe amüsierte. Gegen fünf Uhr fuhr ich sie nach Heidelberg, damit sie nicht schon wieder ein Taxi nehmen musste, denn ein Zug oder die Straßenbahn kamen anscheinend nicht infrage. Am Sonntag wollte meine Tante ihr Baby samt Kinderwagen wieder bei mir abholen.

Danach hatte ich keine Lust mehr zum Joggen oder Aufräumen, sondern klingelte bei Franzi. Doch auch sie hatte amouröse Pläne. »Schau doch mal, findest du die grüne Bluse oder die weinrote Samtjacke schöner?«, fragte sie und zog mich vor den Kleiderschrank. Ich erfuhr, dass sie das erste Date mit dem Lateinlehrer aus ihrem Chor hatte. Franziska war in bester Laune.

»Das blaue Seidenkleid steht dir eigentlich am besten«, behauptete ich, und sie trällerte: »Wir winden dir den Jungfernkranz aus veilchenblauer Seide!«

Dann wollte ich ganz genau wissen, wo das Treffen stattfinden sollte und was man vorhätte.

»Kino«, sagte sie. »Aber hinterher werden wir sicher noch irgendwo etwas trinken, um über den Film zu reden. Und was sich dann noch ergibt, steht in den Sternen.«

»Und noch etwas später wirst du gefälligst bei mir vorbeischauen und mir alles haarklein erzählen«, verlangte ich. Dann war ich wieder allein in meiner Klause, hatte weder mit einer Frau noch mit einem Mann ein Date und nur eine Puppe zur Gesellschaft. Zum ersten Mal nahm ich das niedliche Baby auf den Schoß und zog diesem Lückenfüller für emotionale Defizite die entzückenden Kleider an und wieder aus. Allerdings war ich froh, dass mich niemand dabei beobachten konnte, denn ich schämte mich ein bisschen für meine kindliche Lust an diesem Spiel. Schließlich holte ich noch ein Kuschelkissen aus dem Schlafzimmer, bettete Klein-Nina liebevoll darauf und deckte sie mit einem Kaschmirschal zu. Sie klappte brav die runden Glasaugen zu und sah sehr süß und täuschend echt aus.

Gegen elf Uhr abends, als ich müde wurde, schon Nachthemd und Bademantel anhatte und mir gerade das Gesicht eincremte, rief die anscheinend beschwipste Franzi an.

»Bin gerade auf dem Heimweg. Wenn es dir recht ist, komm ich noch auf einen Sprung vorbei. Nur um deine Neugier zu befriedigen, hi-hi-hi …«, sagte sie. Kurz darauf klingelte es unten an der Haustür. Ich freute mich, drückte auf den Summer, öffnete die Wohnungstür und huschte zurück ins Badezimmer, um das begonnene abendliche Ritual rasch zu vollenden. Gleich darauf hörte ich eine

Tür zufallen und glaubte natürlich, dass Franzi jetzt im Wohnzimmer saß und sich über die schlafende Babypuppe wunderte. Mit fettigem Gesicht und erwartungsvoll grinsend, schlurfte ich in Pantoffeln aus dem Bad – und fiel fast in Ohnmacht.

Auf dem Sofa saß Andreas Haase und sagte: »Guten Abend und sorry, dass ich einfach reingekommen bin, aber die Tür stand auf! Im Übrigen wusste ich nicht, dass du ein Kind hast. Als junge Mutter wirst du umso besser verstehen, dass ich mein Handy brauche! Wie soll ich mich sonst mit meinen Jungs verabreden!«

Seine Dreistigkeit und ein unangenehmer Geruch nach billigem Schnaps verschlugen mir sekundenlang die Sprache. Dann verlangte ich barsch, er solle auf der Stelle meine Wohnung verlassen, sonst würde ich die Polizei rufen. Und sein Handy hätte meine Freundin Franziska bereits entsorgt.

Wahrscheinlich war der Hase auf eine Abfuhr vorbereitet, denn er blieb relativ gelassen und sachlich, verlangte jedoch, ich solle unverzüglich für Ersatz sorgen oder ihm eine entsprechende Summe bezahlen.

Welche Taktik war jetzt die beste, um den Feind so schnell wie möglich zu vertreiben? Ratlos musterte ich mein Gegenüber. Andreas Haase wirkte zwar etwas zerknittert, war aber diesmal ordentlicher angezogen und rasiert; abgesehen vom Geruch erschien er nicht mehr wie der aufdringliche Säufer, den ich kennengelernt hatte. Am Kopf oder am gelichteten Haaransatz konnte ich weder ein Pflaster noch eine Narbe entdecken. Während ich über eine passende Strategie nachdachte, klopfte es dreimal an die Tür. Erleichtert sprang ich auf, öffnete und fiel Franzi um den Hals. Meine in doppeltem Sinn veilchenblaue Freundin schüttelte mich ab, stöckelte herein, entdeckte die Babypuppe auf dem Sessel und Andreas Haase auf dem Sofa und wieherte los. Sie schien den Ernst der Situation überhaupt nicht zu begreifen, sondern fühlte sich wohl wie eine Zuschauerin in einem absurden Theaterstück.

Ihr schallendes Lachen brachte mich sowie meinen ungebetenen Gast gleichermaßen aus dem Konzept.

»Nicht so laut, die Kleine wird sonst wach! Ich nehme an, du bist besagte Freundin, die mein Handy auf dem Gewissen hat. Nimm Platz, und hör zu!«, befahl Haase und setzte erneut zu einer umständlichen Rechtfertigung an. »Also, um es euch beiden noch mal zu erklären: Heute wollte ich mit meinen Söhnen eigentlich die Enten füttern, das hatte ich ihnen versprochen. Aber Jelena besteht darauf, dass ich mich vorher anmelde. Wenn ihr mir also ein neues Handy gebt, bin ich sofort wieder weg.«

Ich warf meiner Freundin einen warnenden Blick zu. Franzi schaltete, dass es keinen Grund zur Heiterkeit gab. Zum Glück verstand sie endlich, dass es sich um keine Komödie handelte und sie jetzt eine ernste Rolle in einem Drama spielen sollte. Also setzte sie übergangslos eine Leichenbittermiene auf, wandte sich mit einem Ruck ihrem Gegenüber zu, musterte den Feind mit gerunzelter Stirn und schüttelte dann energisch den Kopf. »Dein Geschwätz kannst du dir sparen, es überzeugt mich überhaupt nicht. Erstens hättest du dir auf der Stelle ein neues Handy besorgt, wenn dir deine Jungs wichtig wären. Zweitens liegen Kinder um diese Zeit längst im Bett, und drittens kann man die Enten im Dunkeln sowieso nicht anlocken. Das sind doch alles nur Vorwände, um dich wieder an die arme Nina ranzumachen! Wir haben nicht vergessen, dass du sie beinahe vergewaltigt hättest!«

Nach Franzis Standpauke schien sich der bis dahin so beherrschte Andreas Haase sichtlich aufzuregen. »Wie kommst du nur auf solchen Blödsinn, nie im Leben würde ich einer Frau etwas antun! Es geht mir wirklich nur um meine Kinder, und deswegen habe ich bereits alles versucht, um Jelena von meinen guten Vorsätzen zu überzeugen. Ich bin sogar mehrmals zur Telefonzelle am Bahnhof gelaufen und habe von dort aus versucht anzurufen. Meine Frau hat aber sofort aufgelegt, wenn sie meine Stimme hörte.«

»Daran würde sich wohl auch nichts ändern, wenn Sie ein neues Handy hätten«, sagte ich. »Ich glaube nämlich auch, dass Sie lügen und Franziska den richtigen Riecher hat! Sie sind überhaupt nicht hier, um Geld für ein Handy einzufordern, sondern um Ihre abartigen sexuellen Fantasien in die Tat umzusetzen.«

Jetzt hatte ich ihn auf dem falschen Fuß erwischt, denn er geriet in Rage: »Ihr spinnt ja total! Wahrscheinlich habt ihr selbst abartige Fantasien, weil euch ein halbwegs intelligenter Mann nicht mal mit der Kneifzange anfassen würde! Aber in einem Punkt habt ihr sogar recht, es gab tatsächlich noch einen anderen wichtigen Grund hierherzukommen. Ich hatte nämlich die Hoffnung, Nina könnte ein gutes Wort für mich einlegen. Seit jener peinlichen Entgleisung habe ich keinen Alkohol angerührt. Ihr seid doch mit Jelena befreundet …«

»Gerade deswegen kommt es überhaupt nicht infrage«, sagte Franzi. »Außerdem glaube ich dir auch diese Version nicht, denn ich habe den schrecklichen Verdacht, dass du deine Zwillinge entführen willst! Man liest zuweilen sogar, dass Väter sich und ihre Kinder aus egoistischem Macht- und Besitzwillen umbringen, weil sie sich bei der Trennung gedemütigt und ausgeschlossen fühlen …«

Der Hase schüttelte entsetzt den Kopf. »Das sind völlig abwegige Vorstellungen in deinem kranken Hirn! Natürlich habe ich Sehnsucht nach meinen Kids und die ebenso nach mir. Früher kannte ich Jelenas Dienstplan, wusste also immer, an welchen Samstagen sie bis Ladenschluss arbeiten musste und ich mich dann um unsere Kinder kümmern sollte. In letzter Zeit informiert sie mich leider über gar nichts. Deswegen war ich heute im Supermarkt, wo sie mir nicht aus dem Weg gehen kann. Dort war Jelena aber nicht, zu Hause auch nicht. Ob ihr es mir nun glaubt oder nicht, ich habe sämtliche Spielplätze abgeklappert, um sie irgendwo aufzutreiben, aber erfolglos. Kann sein, sie waren im Zoo, das hatten sich die Kinder schon lange gewünscht. Aber auf gut Glück mochte ich nicht nach Heidelberg fahren.«

»Und wo waren Sie dann die ganze Zeit? Es ist jetzt fast halb zwölf!«, fragte ich.

»Als es langsam dunkel wurde, saß ich auf einer Bank an der Weschnitz und habe dort mein Brot mit den Enten geteilt, ohne dass meine Jungs ihren Spaß daran haben konnten. Schließlich wurde ich so müde, dass ich mich ausgestreckt habe und ein bisschen eingeschlafen bin.«

»Und das sollen wir glauben?«, fragte ich. »Inzwischen war doch Ihre Frau mit den Kindern bestimmt wieder zu Hause!«

Er schüttelte den Kopf und schwieg, wahrscheinlich war er beleidigt. Franzi geriet allerdings mehr und mehr in eine euphorische Stimmung und fühlte sich als Siegerin. Wie ein Gummiball hopste sie plötzlich hoch und angelte sich eine Flasche vom obersten Brett meines Bücherregals. Schon seit Ewigkeiten hatte ich den angebrochenen Weinbrand dort abgestellt, weil ich ihn überhaupt nicht mochte und auch meinen Gästen nicht zumuten wollte. Ich versuchte vergeblich, Franzi mit einer warnenden Geste am Trinken zu hindern, aber sie ignorierte mich, setzte die Flasche an den Mund und trank einen ordentlichen Schluck. Und damit nahm das Unglück seinen Lauf.

Anfangs reagierte Andreas Haase überhaupt nicht, aber dann fast wie eine Gouvernante. »Man trinkt nicht aus der Flasche«, mahnte er und fixierte Franzi mit vorwurfsvollen, jedoch immer gierigeren Blicken. Fehlte gerade noch, dass meine Freundin sich jetzt den silbernen Becher aus der Küche holte, befürchtete ich. Daher erhob ich mich verärgert, um Franziska die Flasche wegzunehmen.

»Die kriegst du nicht …«, sang Franzi übermütig, schlüpfte aus den High Heels, hopste barfuß hin und her, schwenkte ihre Beute vor meiner Nase herum und wandte sich dem unglücklichen Kindsvater zu: »… und du erst recht nicht …«

Das hätte sie lieber nicht sagen sollen, denn plötzlich verwandelte sich der Hase in einen Löwen, der gerade ein Gnu anspringen will.

Als er sich auf Franzi stürzte, blieb mir nichts anderes übrig, als mich auf einen Nahkampf einzulassen. Zwar gelang es mir, meine Freundin aus der Schusslinie zu zerren, aber der Löwe hatte seinerseits die Flasche erbeutet. Wenn er sich jetzt volllaufen lässt, dachte ich, dann flippt er wieder völlig aus, und das wollen wir doch auf jeden Fall vermeiden! Also ruhig Blut, bloß keine weitere Provokation! Todesmutig stellte ich mich dem Widersacher in den Weg und sagte:

»Herr Haase, händigen Sie mir jetzt die Flasche aus und verlassen Sie auf der Stelle meine Wohnung! Ich zähle bis drei, dann rufen wir die 110!«

7
Der Absturz

Als ich ihm die Schnapsflasche wegnehmen wollte, umklammerte er sie so fest, dass sich unsere Hände unfreiwillig berührten. Plötzlich starrte er wie gebannt auf meinen kleinen Finger.

»Woher hast du diesen Ring?«, fragte er.

»Von meiner Oma«, log ich.

»Das werden wir ja sehen«, sagte er, entriss mir die Flasche und gab mir einen so kräftigen Stoß, dass ich hinfiel. »Zieh sofort den Ring aus«, befahl er, und mir blieb nichts anderes übrig. Unterdessen huschte Franzi unbemerkt in die Küche, wohl um eine Waffe zu organisieren.

Prüfend hielt Andreas Haase den Ring zwischen Zeigefinger und Daumen und erkannte wohl sofort auf der Innenseite ein Monogramm, das mir bis jetzt gar nicht aufgefallen war.

»Und ob das Jelenas Ring ist, schließlich habe ich unsere Initialen eigenhändig eingraviert! Ich könnte ihn unter hundert anderen sofort identifizieren! Also hast du deine eigene Freundin bestohlen! Ruf ruhig die Polizei, dann wird sich schnell herausstellen, wer von uns beiden im Knast landet!«

»Jelena hat ihn mir geschenkt, Ehrenwort!«, japste ich und wagte nicht, mich zu rühren, denn er hatte einen Fuß auf meinen Magen gestellt und konnte mir jederzeit die Rippen brechen.

»Niemals! Nie im Leben hätte sie sich von ihrem Verlobungsring getrennt«, brüllte er, wobei ihm das Symbol der Liebe entglitt und zu Boden fiel. Er kümmerte sich aber nicht darum, denn er brauchte beide Hände, um die Flasche erneut zum Munde zu führen. In diesem Moment nahte der rettende Engel. Allerdings trug Franzi kein Schwert in der Hand, sondern ein archaisches Nudelholz. Meine schwäbische Großmutter hatte mir weder Biedermeierringe noch wertvolle Halsketten vererbt, sondern einen Fleischwolf, eine Kräuterwiege, einen Spätzleschaber und ähnlich nützliche Dinge. Franzi schlich sich von hinten an und schlug unserem Feind den Teigroller mit Wucht in die Kniekehlen. Andreas Haase stürzte ebenfalls und landete neben mir auf dem Boden. Aber anstatt aufzuspringen, seinerseits tätlich zu werden und auf Franzi loszugehen, richtete er bloß den Oberkörper auf, setzte die Flasche wieder an und trank wie ein Verdurstender. Immerhin konnte ich jetzt rasch aufstehen, zitterte aber noch am ganzen Leib.

»Das war knapp«, sagte ich. »Danke, Franzi, du hast mir das Leben gerettet!«

»Nicht übertreiben!«, sagte sie. »Aber die Arbeit ist erst getan, wenn wir ihn aus dem Haus geschafft haben!«

Langsam beruhigte ich mich wieder. In sicherer Entfernung lehnten Franzi und ich an der Sofakante und beobachteten angespannt, wie Andreas Haase die Flasche zügig leerte, sich dann auf dem Teppich ausstreckte und mit einem grunzenden Laut die Augen schloss.

»Wie kriegen wir diese Schnapsleiche bloß wieder in die Senkrechte?«, jammerte ich.

»Come on«, sagte Franzi, »jede packt ihn an einem Bein, und wir schleifen ihn erst mal vor die Wohnungstür. Wenn wir ihn ausgesperrt haben, rufen wir die Polizei und lassen ihn abtransportieren.«

Das war leichter gesagt als getan, denn Haase machte sich schwer wie Blei und leistete Widerstand. Immerhin gelang es uns, den strampelnden, sich aufbäumenden und lauthals protestierenden Säufer aus meiner Wohnung zu bugsieren, wo er sich dann allerdings direkt vor der Tür plötzlich hochrappelte und wieder hineindrängeln wollte. Mit vereinten Kräften schoben wir ihn zurück ins Treppenhaus, wobei er zu allem Überfluss auch noch anfing zu würgen. Ein erster Schwall ruinierte Franzis veilchenblaues Seidenkleid. Angeekelt wich ich zurück, um nicht auch getroffen zu werden und möglichst schnell wieder in meiner Festung zu verschwinden. In ihrer Wut verpasste ihm Franziska einen Tritt in den Unterleib, was leider verhängnisvolle Folgen hatte.

Andreas Haase taumelte, wankte ein paar Schritte rückwärts, konnte sich nicht mehr halten und stürzte mit einem grässlichen Schrei und ohrenbetäubendem Gepolter die steilen Stufen hinunter, bis er wohl im Stockwerk unter uns landete.

Fassungslos verharrten wir wie angewurzelt und starrten in den Abgrund. Sekunden später öffnete sich die Tür meines Nachbarn, und der einsame Wolf betrat die Bühne wie ein Deus ex Machina.

»Alles in Ordnung?«, fragte Yves Baumann und musterte uns mit unverhohlenem Misstrauen.

Franzi, die eigentlich viel cooler war als ich, musste auf einmal weinen und fiel meinem überraschten Zimmernachbarn um den Hals. Ich schämte mich plötzlich, weil ich mich in Bademantel, Pantoffeln und fettig eingecremtem Gesicht wie die letzte Schlampe fühlte. Doch dann sah ich, dass auch der schlaflose Mitbewohner nur eine altmodische lange Unterhose, ein lila T-Shirt und keine Schuhe, sondern zerlöcherte Socken anhatte.

»Würdest du mir bitte verraten, was das für ein Getöse war? Mon dieu! Ich befürchtete schon, du wärst die Treppe hinuntergefallen ...«, sagte der Wolf und befreite sich energisch aus Franzis Umklammerung.

»Das war ein Besoffener, der sich nicht auf den Beinen halten konnte«, stotterte ich.

»Kennst du ihn?«, fragte der Wolf.

»Es ist der Lebensgefährte einer Freundin«, antwortete ich. »Wenn er zu viel getrunken hat, sollte man sich am besten rasch in Sicherheit bringen.«

Yves trat ans Treppengeländer und spähte besorgt hinunter. »Von hier aus kann man nicht viel erkennen, vielleicht müsste man einen Krankenwagen rufen. Aber regt euch nicht auf, am Ende ist ihm überhaupt nichts passiert, Betrunkene sollen ja manchmal wie kleine Kinder hinpurzeln und sich höchstens ein paar blaue Flecken holen. Ich zieh mir mal rasch etwas über, dann schauen wir gemeinsam nach dem Rechten!«

Und schon verschwand er wieder in seinen eigenen vier Wänden.

»Ich trau mich überhaupt nicht in meine Wohnung«, jammerte Franzi. »Mit Sicherheit liegt er jetzt genau vor meiner Tür ...«

»Er gibt keinen Laut mehr von sich. Wahrscheinlich ist er tot ...«, befürchtete ich. »Bevor wir einen

Bestatter, die Polizei oder den Notarzt rufen, ziehe ich mich am besten auch wieder an. Wenn wir Glück haben, sind die Spanier bereits alarmiert und nehmen die Sache in die Hand!«

»Die spanische Familie ist gestern ins Wochenende gefahren, um die Münchner Verwandtschaft zu besuchen«, sagte Franziska und folgte mir ins Schlafzimmer, wo ich rasch in Jeans und Sneaker schlüpfte und mir einen Pullover anzog. Franzi schnappte sich mein Lodencape, denn ihr beflecktes Seidenkleid war wohl nicht der richtige Aufzug für die bevorstehenden Aufgaben. Als wir wieder in den Flur traten, kam auch Yves angekleidet aus seiner Wohnung heraus. Zu dritt verließen wir das Dachgeschoss und stiefelten die steile Treppe hinunter, wo man nach der ersten Kurve bereits sah, dass weiter unten ein Mensch lag. Außerdem konnte man es riechen.

Als sich unser Helfer über die anrüchige Gestalt beugte, jammerte der Gestürzte mit kläglicher Stimme: »Das hat aber lange gedauert! Endlich kommt einer! Ich möchte jetzt so schnell wie möglich in mein Bett! Helfen Sie mir bitte hoch!«

Yves packte ihn unter den Armen und zog ihn in die Höhe. Zwar stand der alkoholisierte Mann etwas wacklig auf den Beinen, aber anscheinend war er nicht schwer verletzt.

»Brauchen Sie ärztliche Hilfe? Oder sollen wir Ihnen ein Taxi rufen?«, fragte Yves. Als Andreas Haase jetzt erkannte, dass Franzi und ich neben seinem Retter standen, wurde er wieder zornig.

»Dafür habe ich kein Geld«, fauchte er. »Diese bösartigen Weiber haben mich runtergestoßen, die müssen mich jetzt zur Strafe nach Hause fahren. Sonst zeige ich die Diebin an!«

Yves Baumann bewies Humor. »Im Hauseingang steht ein Kinderwagen, da packen wir Sie jetzt rein, und ab geht die Post!«

Dann hakte er den Betrunkenen unter und wies mich an, es ebenfalls zu tun. Ich wagte es nicht, meine Unterstützung zu verweigern. Auf diese Weise gelang es uns tatsächlich, Haase bis ins Erdgeschoss zu manövrieren.

»Was nun?«, fragte Franzi, die untätig zusah und anscheinend ein schlechtes Gewissen hatte.

»Ich hole rasch den Wagen«, sagte ich. »Dann werden wir ihn am schnellsten los! Bitte bringt ihn schon mal hinters Haus, wir sollten ihn nicht mitten auf dem Marktplatz vor applaudierendem Publikum verladen!«

»Willst du ihn wirklich fahren?«, fragte Yves Baumann, der den Hasen immer noch fest im Griff hatte. »Das würde ich mir dreimal überlegen! Sonst kotzt er dir noch das Auto voll. Aber macht, was ihr wollt – seine Frau wird sich bestimmt freuen, wenn ihr ihn in diesem Zustand abliefert!«

Ich hatte zwar einen anderen Plan, ließ ihn aber in seinem Glauben. Hinter Yves' Rücken zwinkerte ich Franzi zu; sie verstand mich zwar nicht, wurde aber durch mein resolutes Auftreten von eigenen Überlegungen abgehalten. Während ich also zu meinem Anwohnerparkplatz eilte, mühte sie sich gemeinsam mit Yves, den Betrunkenen mit sanfter Gewalt hinter das Haus zu lotsen.

»Soll ich mitkommen?«, fragte Yves, als ich kurz darauf vor ihnen anhielt.

»Nicht nötig, es ist nicht weit«, antwortete ich. Franzi schob mit Hilfe unseres Kavaliers den Hasen auf den Rücksitz, dann stieg sie neben mir ein, und ich gab Gas.

»Du willst ihn doch nicht im Ernst bis nach Mannheim fahren? Oder gar zu Jelena?«, flüsterte Franzi.

»Natürlich nicht«, sagte ich. »Du wirst schon sehen, wir sind gleich da!«

Inzwischen kannte ich mich in unserem Städtchen gut aus, hatte oft genug eine ausländische Touristengruppe am Marktplatz belauscht und wusste, dass Weinheim mehr war als *a city with two castels*. Schwungvoll bog ich von der Grundelbachstraße in die Entengasse ab und steuerte eine Bank am Flüsschen Weschnitz an, wo schon so manche Väter mit ihren Kindern die Enten und Nilgänse gefüttert haben. Ein beliebtes Ziel für rastende Wanderer, Hundebesitzer und Naturfreunde, gelegentlich auch für Obdachlose. Hier hatte Andreas Haase schon vor ein paar Stunden ein Nickerchen gehalten, sollte er es jetzt ruhig fortsetzen.

Mit vereinten Kräften zogen wir ihn aus dem Wagen und luden ihn im Licht der Scheinwerfer auf der Bank ab.

»Was wollt ihr überhaupt von mir?«, knurrte er noch, dann sackte er in sich zusammen und nickte ein.

»Soll er dort die ganze Nacht verbringen?«, fragte Franzi. »Es wird ziemlich kühl werden …«

Im Kofferraum lag noch die alte Hundedecke meiner Eltern, die ich beim Umzug verwendet hatte; ich warf sie schwungvoll über unser Opfer.

»Soll bloß niemand behaupten, wir hätten ihn erfrieren lassen! Aber jetzt schnell weg, ich müsste schon längst im Bett liegen!«

»Übrigens saß ich im Sommer auch mal auf dieser idyllischen Bank und habe zugeschaut, wie Unmengen von Plastikenten von der Peterskirche bis zur Boxerbrücke dümpelten«, erzählte Franzi. »Es war fast ein fröhliches kleines Volksfest!«

»Soviel ich weiß, ist die Entenregatta einerseits

ein Gaudi für kleine Kinder, andererseits kommt der Erlös einem wohltätigen Zweck zugute!«

»Sicher war auch der Hase mit seinen Jungen bei diesem Event. Aber dabei fällt mir etwas ein«, sagte Franzi und stieg schleunigst zu mir ins Auto. »Wieso hast du deinen Feind überhaupt in die Wohnung reingelassen?«

»Als es klingelte, dachte ich natürlich, dass du es bist, denn du hattest mich ja gerade angerufen. Ich habe also bedenkenlos auf den Türöffner gedrückt …«

»Aber ich habe doch einen Hausschlüssel!«, sagte Franziska. »Ich hätte wie immer nur angeklopft …«

»Ja, ja, ich bin selbst schuld«, sagte ich gereizt. »Hast du dich wenigstens gut mit deinem Lateinlehrer amüsiert?«

»Komm, lass gut sein. Mir ist der Spaß jetzt gründlich vergangen, außerdem habe ich mir gerade an den Brombeeren die Beine zerkratzt. Und für dich wird es wirklich höchste Zeit, dass du in deinen Kokon kriechst, du warst ja bereits im Nachthemd. Vergiss aber nicht, vorher die Puppe zu windeln! Zum Glück ist morgen Sonntag, da könntest du mit deinem Baby auch mal Entchen füttern gehen!«

Ich ließ aber nicht locker. »Eigentlich warst du

doch ganz wild darauf, mir von deinem Date zu erzählen! Du könntest doch wenigstens eine Andeutung machen!«

»Na gut, du darfst raten. Es geht um die K-Frage!«

»Will der Chorknabe etwa Kanzler werden?«

»Nicht, dass ich wüsste. Kleiner Tipp: mehrere Ks!«

»Kinder, Küche, Kirche?«

»Fast richtig. Katholisch, keusch, keine Küsse. Aber ich werde ihn schon noch knacken! Schlaf gut …«

Als ich endlich meine Tür aufschloss, trat ich fast auf Jelenas Ring, der immer noch auf dem Boden lag. Damit er nicht verloren ging, steckte ich ihn wieder an meinen kleinen Finger. Ich war gleichzeitig todmüde und völlig überdreht. Zum Glück wird es nie jemand erfahren, dass ich mir die Puppe schnappte und zu mir ins Bett nahm.

Vielleicht schlief ich deswegen ziemlich schlecht, aber wahrscheinlich war ich im Unterbewusstsein noch aufgewühlt und voller Ängste. Jedenfalls stand ich noch früher auf als sonst, konnte aber weder einen Schluck Kaffee noch einen Löffel Müsli runterbekommen. Obwohl es Sonntag war, ich nicht zur Arbeit musste und Zeit zum Trödeln hatte, kam ich nicht zur Ruhe. Wie ein Straftäter angeblich immer an den Ort des Verbrechens zurückkehrt, so verließ ich in aller Frühe das Haus und fuhr schnurstracks zur Entengasse. Aus einem mir selbst nicht ganz klaren Grund wollte ich wissen, ob Andreas Haase seinen Rausch immer noch dort ausschlief oder ob er sich beizeiten davongemacht hatte. Mit einem Blick erkannte ich aber, dass er zum Glück verschwunden war. Also konnte ich getrost anhalten und die karierte Hundedecke, die durchnässt in den Brennnesseln lag, wieder einladen. Als ich ausstieg, fröstelte ich ein wenig. Es war noch kühl, Tau glitzerte in Spinnwebfäden, Dunst lag über dem Wasser, und ein Reiher flog auf, der sich im Gestrüpp der Uferböschung niedergelassen hatte. Wenn ich doch auch fliegen könnte, dachte ich sehnsüchtig und beobachtete fasziniert, wie sich ein seltener Eisvogel auf dem gegenüberliegenden Ufer niederließ. Seltsamerweise hatte ich es gerade mit allerlei Getier zu tun: Wildenten, ein Reiher, ein Wolf, ein Hahn aus Elfenbein. Und just in diesem Augenblick huschte auch noch eine Ratte an mir vorbei.

Beim Anblick des Nagetiers musste ich sofort wieder an Andreas Haase denken – wo mochte er jetzt wohl sein? Wahrscheinlich hatte er es bis zum OEG-Bahnhof geschafft und wartete dort auf die

Straßenbahn nach Mannheim. Hoffentlich war er nicht zuerst vor dem Haus seiner Ex aufgetaucht und hatte dort randaliert. In einem solchen Fall hätte Jelena oder ein Mitbewohner aber sicherlich einen Ordnungshüter gerufen.

Als ich kurz darauf wieder zu Hause war, besann ich mich auf meine Pflichten als Patentante, holte Klein-Nina aus meinem Bett und sah mit Schrecken, dass ich ihr im Schlaf den Schädel etwas eingedellt hatte. Es gelang mir nur schlecht und recht, den Schaden zu kaschieren. Wann wollte meine Tante eigentlich zurückkommen? Sie hatte nur vage angedeutet, dass sie heute mit ihrem Paul noch ein wenig Sightseeing geplant habe und irgendwann am späten Sonntag ihr Baby wieder einsammeln würde.

Deshalb wunderte ich mich, als sie mich bereits um halb elf anrief.

»Kannst du mich abholen?«, fragte sie erregt. »Ich habe keinen Cent mehr in der Tasche!«

Mehr wollte sie vorerst nicht sagen, aber mir schwante natürlich nichts Gutes. Erst auf der Fahrt bekam ich die Wahrheit zu hören.

»Ausgerechnet mir musste so etwas passieren«, jammerte Tante Karin. »Anscheinend schützt Alter wirklich nicht vor Torheit! Dabei fing alles so heiter und romantisch an!«

Ich erfuhr, dass eine vornehme Suite im Nobelhotel Ritter für sie reserviert war, dass Paul genauso aussah wie auf dem Foto – nämlich charmant und jugendlich –, dass es ein köstliches Fünf-Gänge-Menü gab und man sich angeregt unterhalten habe.

»Nach dem Essen waren wir noch auf einen Absacker in der Bar. Paul war durch und durch ein Gentleman, brachte mich gegen halb zwölf Uhr vor die Zimmertür und wünschte mir mit einem Handkuss eine gute Nacht. Am Sonntag wollten wir dann gemeinsam frühstücken und hinterher am Neckar spazieren gehen!«

»Aber?«, fragte ich, denn ich wusste eigentlich schon, was nun kam. Der feine Herr war bereits vor dem Frühstück abgereist, die Rechnungen für Hotel und Speisen hatte er auf Karin buchen lassen, die angeblich spendierte Taxifahrt hatte sie sowieso erst einmal ausgelegt. Einerseits schämte sie sich in Grund und Boden, andererseits war sie wütend, vor allem aber auf sich selbst.

»Dabei habe ich erst kürzlich eine Fernsehsendung über Romance-Scamming gesehen«, klagte sie.

»Eigentlich hast du noch Glück gehabt«, tröstete ich sie. »Die meisten dieser Betrüger lassen sich nie persönlich blicken, das Foto ist aus dem Netz geklaut, sie arbeiten aus dem Ausland und verlangen finanzielle Unterstützung für plötzlich aufgetretene Engpässe. Du hattest wenigstens noch etwas Spaß für dein Geld!«

8

Der Wolf ist ein Kauz

Wollte Tante Karin am Ende bis nach Frankfurt chauffiert werden? Nun, zuerst musste sie sowieso bei mir Station machen, um ihr leicht lädiertes Baby abzuholen. Und dann hoffte ich sehr, dass sie mich bald verließ, denn im Augenblick hatte ich wenig Lust auf einen erneuten Spaziergang mit Kinderwagen. Hatte die enttäuschte Karin eigentlich im Hotel mutterseelenallein gefrühstückt oder verlangte sie von mir jetzt Ersatz? Und am Ende gar noch ein Mittagessen? Auch dazu hatte ich keine Nerven, im Grunde wollte ich nach den Aufregungen der vergangenen Nacht am liebsten eine sonntägliche Siesta einlegen.

Nach der Fahrt, auf der ich zwanzig Minuten lang die Selbstanklagen meiner Tante über mich ergehen lassen musste, betrat sie forschen Schrittes mein kleines Reich, riss als Erstes ihr Baby an sich und entdeckte sofort den Schaden.

»Du bist scheinheiliger, als ich dachte«, ranzte

sie mich an. »Bestimmt mokierst du dich hinter meinem Rücken über meine kleine Nina, aber gestern hast du mit Sicherheit das Bett mit ihr geteilt! Ich kenne diese Delle am Kopf, ist mir nämlich auch schon passiert. Wasserdampf und feuchte, heiße Umschläge haben geholfen.«

Natürlich beeilte ich mich, den Schnellkocher aufzusetzen, einen Waschlappen aus dem Bad zu holen und der Tante einen Kaffee anzubieten. Als es zu allem Überfluss klingelte, hätte ich am liebsten gar nicht erst aufgemacht. Aber Karin war neugierig. »Erwartest du jemanden?«, fragte sie. Wahrscheinlich war es Franzi, aber vor der Tür stand Yves Baumann.

»Bonjour, ich wollte nur fragen, ob alles okay ist«, sagte er, trat in die Diele, schaute von da aus ins Wohnzimmer und riss erstaunt die Augen auf.

»Pardon, ich wusste nicht, dass du Besuch hast«, sagte er und murmelte einen Gruß in Richtung meiner Tante, die ihren Säugling in den Armen wiegte. »Ich melde mich ein andermal«, sagte er und war weg.

»War das dein Freund?«, fragte Karin.

»Nein, ein Nachbar«, antwortete ich.

»Und – was wollte er?«

»Weiß ich nicht, es war aber bestimmt nicht wichtig. Du bist jetzt mein Gast und gehst vor!«

»Darf ich mir etwas wünschen? Ich brauche jetzt ein bisschen Ablenkung und hätte Lust auf einen nochmaligen Spaziergang, es soll ja einen zauberhaften Staudengarten in Weinheim geben! Und mein krankes Baby muss unbedingt an die frische Luft!«

Leider war ich zu kraftlos, um ihr die bescheidene Bitte abzuschlagen. Immerhin konnte ich im Hermannshof ein paar Fotos machen und nur hoffen, dass wir keinen Bekannten begegneten. Aber natürlich kam es anders. Als wir uns gerade auf einer Bank niedergelassen hatten, holte Karin die Puppe aus dem Wagen und packte sie mir auf den Schoß, damit ich meinem Patenkind eine weiße Katze zeigen sollte.

»Und jetzt mach ich mal ein Foto von euch zwei Hübschen!«, rief sie und lief ein paar Meter weiter, um auch das idyllische Ambiente aufs Bild zu bekommen. In diesem Augenblick schlenderte meine Chefin mit einem Rattenschwanz von regionalen Pharmazeutinnen vorbei und blieb natürlich wie angewurzelt stehen.

»Sieh einer an, welche Überraschung!«, rief sie, »Nina mit einem Baby!« Dann erst erkannte sie, dass es sich um eine Puppe handelte, und lachte schallend, ebenso ihre Entourage.

»Sie sind mir eine«, rief sie noch und ging zum

Glück weiter. Ich schämte mich in Grund und Boden. Schon lange hatte ich den Verdacht, dass mich meine Kolleginnen für gaga hielten und hinter meinem Rücken über mich lästerten. Dabei habe ich mich immer bemüht, meine real existierenden Spinnereien im Berufsleben möglichst unter Verschluss zu halten. Von nun an würde ich zusätzlich als die ewig Infantile gelten. Ich hörte meine Chefin schon spotten: »Unsere neunmalkluge Nina spielt in ihrer Freizeit immer noch mit Puppen!«

Inzwischen hatte mich Karin samt meinem Patenkind von allen Seiten aufgenommen. »Gerade sind mir ein paar hinreißende Fotos gelungen!«, lobte sie sich. »Auch du solltest mit diesen verkümmerten Kräutlein aufhören und etwas Stattliches fotografieren, schau doch mal – Bäume und Büsche glühen jetzt in leuchtenden Herbstfarben, zum Beispiel dieser orangerot gefärbte …« Sie trat an ein ihr unbekanntes Gewächs heran und las das Namensschild: »… Fieberbaum!«

»Soll ich dir einen Zug für die Heimfahrt raussuchen?«, fragte ich ebenso unvermittelt wie schroff, denn ich hatte gute Ratschläge im Allgemeinen und die Faxen meiner Tante im Besonderen gründlich satt. Sie zog die Brauen hoch. »Willst du mich loswerden?«, fragte sie.

»Eigentlich schon«, sagte ich. »Ehrlich gesagt, müsste ich heute noch eine ganze Menge erledigen. An Werktagen komme ich ja nicht dazu …«

»Alles klar«, sagte sie leicht beleidigt und zog ihr Handy heraus, hoffentlich, um die Bahnauskunft zu kontaktieren.

»Nein, so was!«, rief sie. »Eine SMS von Paul! Nie hätte ich erwartet, dass der sich noch mal meldet.«

Und schon saß sie wieder auf einer Bank, um mit hochrotem Kopf die Botschaft des Zechprellers zu studieren. Nachdem sie seine Zeilen mindestens zwanzigmal gelesen hatte, kam ich an die Reihe.

Liebe Karin, schrieb er, *hoffentlich wird es dir eine Lehre sein! Von Anfang an hattest du es nur auf einen spendablen Kavalier abgesehen, der selbstverständlich sämtliche Ausgaben übernimmt. Wenn du nicht gar so berechnend gewesen wärst, hätte ich dich im Übrigen gern eingeladen. Such dir also einen anderen Dukatenesel. Paul*

P. S. Wenn du mir deine Kontonummer schreibst, überweise ich meinen Anteil.

»Was sagst du nun?«, fragte Tante Karin und starrte mich fassungslos an. »Ist das nicht eine bodenlose Unverschämtheit? Ein Betrüger ist er vielleicht nicht, aber ein Schuft allemal. Wie kann ich es ihm nur heimzahlen?«

»Indem du gar nicht reagierst«, empfahl ich. »Er will dich doch nur demütigen!«

»Meinst du, der vermeintliche Gentleman ist ein Sadist?«

Ich wusste es nicht, es war mir auch egal. Inzwischen wollte ich nur eines: meine Ruhe haben. Aber nach Pauls kränkendem Vorwurf sah ich meine Tante in einem etwas anderen Licht. Im Grunde war sie tatsächlich eine Egoistin, die auch mich ganz gern für ihre Zwecke einspannte. Deswegen beschloss ich, die verwöhnte Prinzessin heute nicht nach Frankfurt zu kutschieren. Auch wenn die Bahnfahrt mit Koffer, Kinderwagen und Baby-puppe etwas umständlich war, so hatte sie es sich schließlich selbst eingebrockt.

Ungern lieh ich ihr fünfzig Euro für die Rück-fahrt nach Frankfurt sowie das dortige Taxi und brachte sie zum Weinheimer Bahnhof. Tante Karin bedankte sich etwas schmallippig, bemerkte jedoch zu guter Letzt, dass mein Auto dringend gereinigt werden müsse, denn der Geruch sei – höflich aus-gedrückt – gewöhnungsbedürftig.

Schließlich war ich heilfroh, wieder allein zu sein. Als ich vor meiner Wohnungstür stand, muss-te ich plötzlich an meinen Nachbarn denken, der mir ja offensichtlich etwas hatte sagen wollen. Überhaupt – hätten wir uns nicht für die gestrigen

Turbulenzen entschuldigen und ihn für seine Unterstützung ein wenig loben müssen?

Alla hopp!, befahl ich mir selbst, bring es hinter dich, dann kannst du dich mit gutem Gewissen aufs Ohr legen.

Noch nie hatte ich die angrenzende Wohnung betreten, und auch der Wolf war bisher nur bis zu meiner Flurgarderobe vorgedrungen. Etwas zaghaft drückte ich auf die Klingel. Mein Nachbar öffnete relativ schnell und starrte mich verwundert an.

»Gestern kam ich nicht mehr dazu, mich für deine Hilfe zu bedanken«, stotterte ich. »Außerdem hattest du doch noch eine Frage, oder …?«

Er bat mich herein, vom Schnitt her war seine Wohnung ebenso klein und schief wie meine, allerdings sah es hier so aus, wie ich mir Fausts Studierstube vorstellte. Bücher stapelten sich auf Tischen, Stühlen und auf dem Teppich. Yves fegte einen Sitzplatz für mich frei.

»Eigentlich wollte ich nur wissen, ob euer Transportdienst erfolgreich verlief. Mir war nicht ganz wohl bei der Vorstellung, dass zwei Frauen mitten in der Nacht mit diesem Stinktier unterwegs sind!«

»Gestandene Frauen wie wir wissen sich zu helfen«, behauptete ich. »Aber sorry, wenn wir dich bei einer wichtigen Arbeit gestört haben.«

Der Wolf lächelte geschmeichelt, dann hob er ein

zerfleddertes Buch vom Boden auf und blätterte darin.

»Gerade schreibe ich eine Glosse über dieses alte Handbuch für den praktischen Arzt. Es ist doch interessant, was sich alles in einer Zeitspanne von gerade mal hundert Jahren geändert hat. Es gab noch kein Penicillin, Krankheiten wie die Syphilis waren ein Riesenproblem. Die Behandlung von sogenannter *Hundswut,* Lepra und Malaria, Tuberkulose und Kindbettfieber gehörten noch zum Alltag eines Arztes. Aber manche Methoden sind auch heute noch nicht überholt. Vorhin musste ich nämlich an die vergangene Nacht denken, denn ich fand eine Kurzanweisung für den Umgang mit Besoffenen!«

Er suchte die Stelle und las vor:

»*Bei mäßigen Graden von akuter Trunksucht überlasse man den Berauschten dem Schlafe bei geöffneten Kleidern in frischer Luft und mit erhöhtem Kopfe. Entleerung des eventuell noch gefüllten Magens mittels Magenpumpe oder durch Brechmittel. Darreichung von schwarzem Kaffee und Tee etc. Bei Herzschwäche oder Vasomotorenschwäche s. Collaps.* – Trefflich formuliert, nicht wahr? Aber durchaus aktuell, bestimmt wird die akute Trunksucht des Berauschten auch heute noch auf ähnliche Weise kuriert!«

»Dann haben wir fast alles richtig gemacht«, sagte ich stolz, »jedenfalls haben wir für viel frische Luft gesorgt.«

»Nun, die Fenster wird doch wohl seine arme Frau aufgerissen haben …«

Stolz erzählte ich meinem Nachbarn, wie wir uns an dem unappetitlichen Zecher ein wenig gerächt und ihn auf einer öffentlichen Bank abgeladen hatten. Über meinen Bericht musste Yves Baumann lachen und bezeichnete unsere Tat als Schabernack. Überhaupt wurde er auf einmal zugänglicher, bot mir eine Tasse abgestandenen Matcha Tee an, erzählte von sich und seinen Projekten, von seiner französischen Großmutter, der er seinen Vornamen und verschiedene Redewendungen verdankte, und von seinem Hobby, dem Sammeln antiquarischer Bücher. Weil er immer knapp bei Kasse sei, würde er regelmäßig die öffentlichen Bücherschränke abklappern, da er kein Auto besaß, mit dem Fahrrad. Dort könne er kostenlos und anonym tauschen oder mitnehmen.

»Was da alles abgegeben wird, kannst du dir kaum vorstellen! Die meisten Bücher interessieren mich zwar gar nicht, aber hin und wieder sind wahre bijoux darunter – jedenfalls für mich.«

Nachdenklich betrachtete ich mein Visavis. Im Grunde hätte der einsame Wolf ganz gut in den

Klub der Spinnerinnen gepasst, aber wir wollten ja keine Männer aufnehmen. Yves war eigentlich ein hübsches Exemplar mit leuchtenden blauen Augen unter fast dreieckigen Brauen. Aber insgesamt wirkte er wie ein Hybrid aus individualistischem Außenseiter, verschrobenem Künstler, aus der Zeit gefallenem Hippie und verzotteltem Nachkommen der Achtundsechziger. Offensichtlich war ihm sein Erscheinungsbild herzlich egal.

Als ich ihn nach einer guten halben Stunde verließ, konnte ich mich trotz meiner Müdigkeit nicht bremsen und schickte Franzi eine SMS: *War eben beim Wolf. Eigentlich ist er ein netter frankophiler Kauz.* Dann rollte ich mich endlich in meinen Kokon und schlief sofort ein. Ich wachte erst kurz vor Mitternacht wieder auf. Franzi hatte mir inzwischen geantwortet: *Go ahead, have fun mit dem netten Wolfskauz! Was hat er für Teppiche? Bin todmüde und muss mich jetzt hinlegen, kannst mir morgen erzählen, ob du mit dem Wolf getanzt hast!!*

Zum Glück schlief ich wieder ein, denn am nächsten Tag musste ich schließlich arbeiten.

An jenem trüben Montagmorgen befürchtete ich schon im Voraus den Spott meiner Kolleginnen und trat nur missmutig den Dienst in der Apotheke an. Als ich gerade aus der obersten Schublade des deckenhohen Ziehschranks ein Mittel gegen Sodbrennen heraussuchte, vernahm ich die Wortfetzen einer erregten Frauenstimme. Ich stieg auf der Stelle von der Trittleiter herunter und sperrte Augen und Ohren auf: »Un da hawwe se e Leich gefunne ...«, fuhr die Frau in ihrem Bericht fort, und mir schwante nichts Gutes.

Alle Anwesenden in der Apotheke, also wir Mitarbeiter und die fünf Kunden, erfuhren jetzt haarklein, wie die Frau am Sonntagabend mit ihrem Hund an der Weschnitz entlanglief, schon von weitem die Blaulichter auf der Petersbrücke blinken sah und beim Näherkommen mehrere Polizeiwagen und rot-weiße Absperrbänder erspähte. Natürlich habe sie sich so weit wie möglich genähert. Von den herumstehenden Gaffern hörte sie schließlich, dass man einen toten Mann aus dem Wasser gezogen habe.

Auch meine stets skeptische Chefin lauschte neugierig. »Es steht heute aber nichts in der Zeitung«, meinte sie.

»Wenn es erst nach Redaktionsschluss passiert ist, dann kriegen wir es frühestens am Dienstag zu lesen«, erwiderte ein älterer Herr.

»Haben Sie den Toten gesehen?«, fragte ich mit brüchiger Stimme. Nein, meinte die Zeugin, erstens war es dunkel, zweitens war ja die nähere Umgebung abgesperrt. »Sicher ein Besoffener«, vermutete eine Frau, die sich auf ihrem Rollator niedergelassen hatte, »in der Nähe ist doch eine Wirtschaft.«

»Vielleicht musste sich der Saufkopp übergeben, beugte sich über das Brückengeländer, verlor das Gleichgewicht und ist abgestürzt«, schlug ein anderer Kunde vor. »Allerdings ist der Wasserstand im Augenblick nicht besonders hoch, ertrinken kann man eigentlich nicht …«

»Am Ende war es gar kein Unfall, sondern Mord«, sagte meine Chefin, und ich bekam eine Gänsehaut. Mühsam versuchte ich, meine Panik in den Griff zu bekommen. Schließlich war die Petersbrücke ein ganzes Stück stromaufwärts von der bewussten Bank entfernt, es musste nicht unbedingt Andreas Haase sein, den man dort gefunden hatte. Falls aber doch, dann war er durch unsere Schuld zu Tode gekommen. Immerhin hatten wir ihn in hilflosem Zustand sich selbst überlassen, noch dazu an einer Stelle, wo zu dieser späten Stunde wohl niemand mehr vorbeikam. Siedend heiß fiel mir noch ein, dass es ein Fehler gewesen war, bei meinem Nachbarn mit unserer Tat ein wenig anzugeben. Nun gab es einen Mitwisser.

In der Mittagspause rief ich Franzi an. Sie hatte

bisher nichts vom Leichenfund gehört und ließ sich vorerst auch nicht aus der Ruhe bringen.

»Nina, du hast einfach zu viel Fantasie! Ich stelle mir das Szenario ziemlich trivial vor: Nach ein paar Stunden hatte der Hase seinen Rausch ausgeschlafen und wurde wach, weil er fror. Daraufhin hat er mit Sicherheit sein hartes Bett verlassen und ist mit der Straßenbahn nach Hause gefahren. Der Tote im Wasser muss doch nicht ausgerechnet Jelenas Mann sein! Es kommt oft genug vor, dass Obdachlose oder Betrunkene leblos aufgefunden werden. Du bildest dir alles nur ein, weil du ein schlechtes Gewissen hast.«

»Ich habe aber eine böse Ahnung …«

»Überlass deine Ahnungen lieber den Esoterikern und Wolkendeuterinnen! Vielleicht hatte der Tote ja ein Messer im Rücken, und es handelt sich um eine stinknormale Tat im Drogen- oder Zuhältermilieu!«

»Hoffentlich!«, seufzte ich.

Als ich nach einem anstrengenden Arbeitstag wieder zu Hause war, zog ich als Erstes die Alltagskleidung aus und gleich Nachthemd und Bademantel an, obwohl es dafür noch viel zu früh war. Dann sah ich im Kühlschrank nach, welche Reste mir zur Verfügung standen, denn eigentlich hätte ich in der

Mittagspause einkaufen müssen. Nun gut, zwei Eier und eine kleine Packung TK-Spinat sollten mir reichen, und ein heißes Getränk war ebenfalls schnell gemacht. Seltsamerweise lag auf dem Küchentisch ein unbekannter Teelöffel. Erst nach längerem Grübeln dämmerte mir, dass er von meinem Nachbarn stammen musste, der mir ja eine Tasse Matcha angeboten hatte. Ich musste den Löffel einfach eingesteckt haben. War ich völlig durch den Wind oder eine unbewusste Kleptomanin? Ich besah mir das Fundstück etwas genauer und stellte keinerlei Ähnlichkeit mit meinem eigenen Besteck aus Cromargan fest. Der silberne Jugendstillöffel war viel zierlicher und mit einem erhabenen Ornament aus Efeuranken versehen, im verschlungenen Monogramm konnte ich den Buchstaben B erkennen. Wahrscheinlich würde mein chaotischer Nachbar dieses filigrane Kunstwerk nie vermissen, ich konnte es also unbesorgt behalten und vielleicht im Verbund mit Taufbecher und geschnitztem Hahn zu einer kleinen, feinen Assemblage arrangieren.

9
Besuch beim einsamen Wolf

Auch am Dienstag stand kein Wort über eine Wasserleiche in der Zeitung, erst am Mittwoch las ich
eine kurze Pressemitteilung der Polizei.

WEINHEIM: LEICHENFUND IN DER WESCHNITZ

*Am Sonntagabend erhielt die Polizei den An-
ruf eines Spaziergängers, der in der Nähe der
Petersbrücke einen leblosen Körper im Wasser
treiben sah. Mit Unterstützung der Feuerwehr
wurde eine männliche Leiche aus der Weschnitz geborgen. Die Polizei bittet die Bevölkerung um Mithilfe, falls am Samstag oder Sonntag irgendwelche Auffälligkeiten im Bereich
der Uferböschung beobachtet wurden. Eine
Obduktion soll nähere Erkenntnisse zur Todesursache bringen.*

Nun war ich auch nicht klüger als zuvor. Ob es aus
Datenschutzgründen nicht mehr zulässig war, die

Anfangsbuchstaben des Namens oder das Alter des Toten anzugeben? Ich meinte mich zu erinnern, dass meistens eine Andeutung zur Identität gemacht wurde – Alter und Wohnort, manchmal auch die Nationalität erwähnt wurden.

Falls es sich bei dem Toten um Andreas Haase handelte, hätte man wahrscheinlich Jelena benachrichtigt. Einerseits war sie zwar nicht mit ihm verheiratet gewesen, andererseits war er aber als Vater ihrer gemeinsamen Kinder aktenkundig. Sollte ich sie schon wieder nach ihrem abgelegten Partner fragen? Etwa so: In der Weschnitz wurde eine Leiche gefunden, könnte es sich vielleicht um deinen Andreas handeln? Natürlich würde sie sich wundern, aus welchem Grund ich auf eine derart absurde Idee kommen konnte. Wenn es aber stimmte und er wirklich tot war, würde sie misstrauisch werden und annehmen, dass ich Näheres wüsste.

Als ich nach getaner Arbeit nach Hause kam, wollte die Buchhändlerin im Parterre gerade schließen. Wir mochten uns und waren fast ein wenig befreundet, obwohl ich bestimmt nicht zu ihren besten Kunden gehörte.

»Hast du es schon gelesen?«, fragte sie. »Leichenfund in der Weschnitz? Eine Freundin von mir wohnt in der Entengasse, die hat sich heute als Zeugin gemeldet.«

»Wieso? Was hat sie gesehen?«, fragte ich und bekam Herzklopfen.

»Gesehen – nichts. Mitten in der Nacht wurde sie durch laute Stimmen geweckt, stand auf und lief ärgerlich ans Fenster, weil der Lärm anscheinend von der Straße kam. Wieder mal grölende oder streitende Besoffene, dachte sie, schon einmal hat sie deswegen die Bullen rufen müssen. Aber diesmal verhallten die erregten Stimmen schon nach wenigen Minuten, also legte sie sich wieder hin und hielt die Sache für erledigt.«

»Aber das muss noch nichts mit dem Toten zu tun haben«, wandte ich ein.

»Vielleicht aber doch, wir werden es sicher noch erfahren. – Gehst du jetzt nach oben? Dann könntest du deinem Nachbarn einen Gefallen tun und ihm die *Weinheimer Nachrichten* vor die Tür legen.«

Ich erfuhr, dass sich Yves Baumann gelegentlich eine übrig gebliebene Zeitung mitnehmen und manchmal sogar das kostenlose Leseexemplar eines neuen Romans einstecken durfte.

»Als freier Mitarbeiter verdient er mit seinen populärwissenschaftlichen Artikeln bestimmt nicht viel«, meinte die Buchhändlerin. »Aber er ist eine

Leseratte, und für diese Spezies hatte ich schon immer ein Herz!«

»Irgendwann wird er sich mit Büchern so zugemauert haben, dass er eine größere Wohnung braucht. Einen schönen Abend noch«, sagte ich und stieg die Treppen hinauf. Oben angekommen, beschloss ich spontan, die Zeitung persönlich zu übergeben, und klingelte bei meinem Nachbarn.

Der Wolf brauchte diesmal länger, bis er die Tür öffnete, ich wollte gerade wieder gehen. Als er mich sah, wirkte er überrascht, aber durchaus auch erfreut.

»Es ist zwar total nett von dir, dass du mir die Zeitung bringst, aber es war nicht unbedingt nötig«, sagte er. »Die überregionalen News lese ich online, allerdings will ich gelegentlich auch wissen, was in unserem Städtchen so läuft.«

Erst jetzt fiel mir mit Schrecken ein, was für eine Riesendummheit es war, ihm die brandneue Nachricht über die Wasserleiche auch noch persönlich zu überbringen! Außer Franzi war er schließlich der Einzige, der von unserer nächtlichen Aktion etwas wusste. Also beschloss ich, nicht lange zu fackeln, ihn auf der Stelle einzuweihen und als Verbündeten zu verpflichten.

»Darf ich reinkommen?«, fragte ich. »Ich muss dir nämlich etwas gestehen …«

Er schaute mich zwar verwundert an, lotste mich aber mit einer Handbewegung in sein unordentliches Studierzimmer, wo schon wieder kein Stuhl frei war.

Auf meine Bitte überflog er schließlich den Zeitungsartikel und wartete im Anschluss auf meinen Kommentar.

»Ich möchte dich bitten, den Sturz in unserem Treppenhaus vorerst für dich zu behalten«, begann ich. »Ich will nicht, dass man diesen Vorfall in Verbindung mit dem Toten in der Weschnitz bringt!«

»Pourquoi pas?«, fragte er arglos. »Aber keine Angst, ich habe sowieso ein etwas zwiespältiges Verhältnis zur Polizei. Schon zweimal haben sie mich für einen Kiffer gehalten, obwohl ich noch nie im Leben Drogen genommen habe.«

Hm, dachte ich, wer will es den Ordnungshütern verdenken! Sein Erscheinungsbild kommt ja dem Klischee eines verlotterten Junkies ziemlich nahe.

»Klar, dass dir mein Anliegen etwas merkwürdig erscheint. Deswegen will ich es dir ja erklären«, sagte ich. »Es könnte nämlich sein, dass der besoffene Mann, den wir neulich in die Entengasse verfrachtet haben, aus einem uns unbekannten Grund kurz danach umgekommen ist. Ich fürchte, dass es sich bei besagter Wasserleiche um unseren Randalierer handelt. Man könnte uns – also Franziska und mich –

am Ende für seinen Tod verantwortlich machen. Da wir mit der Mutter seiner Kinder befreundet sind, wäre ein solcher Verdacht besonders schlimm. Kann ich mich auf dein Schweigen verlassen?«

»Kein Problem«, sagte er. »Ich habe sowieso wenig Kontakte und war noch nie eine Plaudertasche. Wenn ihr den Kotzbrocken tatsächlich umgebracht habt, ist mir das auch egal. Du hast gerade von Kindern gesprochen, ist euer Säufer der Vater des Babys, das ich bei dir gesehen habe?«

»Moment mal, mein Anliegen ist doch nur eine Vorsichtsmaßnahme«, protestierte ich. »Abgesehen davon muss ich einige Punkte klären: Das Baby ist bloß eine Puppe und gehört meiner Tante. Und zweitens ist noch gar nicht gesagt, wer der Tote in der Weschnitz überhaupt ist. Drittens hätten wir niemals im Leben einen Menschen umgebracht, wie kannst du das nur von uns denken!«

»Relax, es war nicht ernst gemeint«, sagte Yves. »Übrigens würde ich deine Freundin gern näher kennenlernen. Eine Mutige und Hübsche ist sie allemal!«

Dieses Urteil gab mir einen kleinen Stich. Es war mir klar, dass Franzi attraktiver war als ich. Ihre fast schwarzen Haare stutzte sie eigenhändig mit Hilfe mehrerer Spiegel und eines Barttrimmers so kurz, dass sie wie ein eng anliegender Helm ihr feines Gesicht umrahmten. Große dunkle Augen und ein spöttisches Lächeln erweckten wahrscheinlich den Eindruck einer geheimnisvollen Sphinx – damit konnte ich nicht konkurrieren.

»Mach dir keine Hoffnungen«, behauptete ich, »Franziska ist bereits vergeben.«

»Da hast du mich völlig missverstanden«, sagte er grinsend. »Aber wir wohnen schließlich schon seit einiger Zeit im selben Haus, da wäre es doch nett, wenn man sich mal ein bisschen austauscht. Ich gebe zu, dass ich mich in dieser Hinsicht schwertue, bin wohl mit der Zeit immer mehr zum schrulligen Nerd geworden. Übrigens – möchtest du eine Tasse Tee?«

Ich sagte nicht nein, und er ging in die Küche. Als er zurückkam, hielt er einen Becher in der rechten und einen silbernen Löffel in der linken Hand.

»Vielleicht möchtest du dieses relativ seltene Exemplar in deine Sammlung einreihen«, sagte er freundlich. »Dieser durchlöcherte Löffel stammt aus Frankreich von meiner Mémé und ist ein sogenannter Puderzucker-Streulöffel im Stil von Louis xv. Aber man kann ihn auch zum Umrühren benutzen.«

Ich wurde dunkelrot und starrte ihn erschrocken an, als er mir das Erbstück überreichte.

»Die Wappenkartusche ist noch frei«, fuhr Yves

fort. »Du könntest dein eigenes Monogramm eingravieren lassen. Ich mache mir nicht viel daraus, aber als ich sah, mit welchem Entzücken du neulich meinen Kaffeelöffel angeschaut und eingesteckt hast, habe ich begriffen, dass eine Frau wohl mehr plaisir an kunstvollen kleinen Gegenständen hat als ein Bücherwurm wie ich.«

»Es war bloß ein Versehen«, stotterte ich. »Natürlich kriegst du deinen Löffel wieder zurück!«

»Behalt ruhig alle beide, ich schenke sie dir«, sagte er. »Dafür kannst du mir ja mal die *Apotheken-Umschau* mitbringen. Oder irgendwelche Pröbchen gegen die Hornhaut an meinen Füßen ...«

Wir mussten beide lachen.

»Übrigens habe ich noch einen lustigen Rat für eine Entziehungskur gefunden«, sagte Yves und zog ein rotes Buch unter meinem Stuhl hervor. »Im *Goldenen Familienbuch* von 1850 steht nämlich Folgendes: *Wenn Jemand die Trunksucht hat und ist zu einer Kur nicht zu bewegen, so rathen wir unglücklichen Ehefrauen folgendes Mittel heimlich zu geben: Thue einen lebendigen Aal in einen Eimer oder engen Kübel, gieße Wein darauf und lasse ihn darin sterben. Fülle diesen Wein auf Flaschen und gieb ihn dem Kranken zu trinken, so viel er mag. Sollte es nicht helfen, so versuche man es mit Schwefelsäure ...*«

Unsere Stimmung wurde zusehends heiterer, als wir uns die Szene mit der unglücklichen Ehefrau samt Aal und Kübel ausmalten. Als ich schließlich zurück in meine Wohnung ging, war ich erleichtert und fast ein bisschen vergnügt. Vielleicht war die heutige Begegnung der Anfang einer wunderbaren Freundschaft.

Später rief Franzi an, sie habe ausnahmsweise ein piekfeines Menü gekocht und ob ich nicht mitessen möchte? Das hatte es bisher noch nie gegeben, daher zögerte ich keine Sekunde. Es gab Kartoffelgratin und kaltes Roastbeef vom Metzger. Den Feldsalat mit gerösteten Pinienkernen hatte sie sich von Corinna abgeguckt, als Dessert servierte sie karamellisiertes Eis mit Blaubeeren. Wir waren beide begeistert von dieser kulinarischen Leistung, auch wenn sich Franzi etwas wunderte, dass ich zuerst nur die Kartoffeln, dann den Salat und schließlich das Fleisch aß. Meinerseits hatte ich den vagen Verdacht, dass meine Freundin ursprünglich einen anderen Gast erwartet hatte. Doch ich stellte keine neugierigen Fragen, und nach unserem üppigen Mahl gab es trotz der angenehmen Sattheit noch eine Menge zu besprechen.

»Ich hab dich schon mal gefragt, ob der Wolf schöne Teppiche besitzt«, begann Franzi.

»Man sieht den Wald vor lauter Bäumen nicht«, meinte ich. »In diesem Fall den Fußboden vor lauter Büchern nicht. Aber davon abgesehen ist er völlig okay, er wird sich auf keinen Fall an die Polizei wenden und von unserem nächtlichen Abenteuer etwas verraten. Vielleicht hat er ja selbst Dreck am Stecken. Auf alle Fälle sollten wir aber nett zu ihm sein und ihn mit *Yves* ansprechen, nicht etwa aus Versehen mit *Wolf*!«

»Eigentlich habe ich mich noch nie mit ihm unterhalten«, sagte Franzi. »Du hast mich direkt neugierig gemacht! Mein lateinkundiger Chorknabe könnte auf Dauer etwas langweilig werden, andererseits sieht er allemal besser aus als so ein zotteliger Eremit.«

»Ein Anknüpfungspunkt wären in diesem Fall zwar keine Teppichfransen, aber vielleicht das Angebot, ihn zu scheren. Darin bist du doch ebenfalls eine Meisterin!«

Die nächsten Tage vergingen, ohne dass wir etwas Neues über die Leiche in der Weschnitz zu Ohren bekamen. Aber am Freitag konnte ich gleich auf der ersten Seite der Zeitung entnehmen, dass es sich bei dem Toten nicht um Andreas Haase handelte. Schon nach ein paar einleitenden Sätzen ging es nämlich zur Sache.

War es Mord? Wer war der zweite Mann?
Bei der Obduktion des toten Obdachlosen Holger F. aus Mannheim ergaben sich Hinweise auf ein Gewaltverbrechen. Anwohner hatten zuvor Bruchstücke eines Streites gehört, wobei es anscheinend um das Nachtlager auf einer Bank und um eine Decke ging. Fußspuren am Uferrand lassen vermuten, dass der Täter sein Opfer flussaufwärts verfolgte, wo es schließlich in der Nähe der Petersbrücke zu einer tätlichen Auseinandersetzung kam. Gesucht wird ein vermutlich alkoholisierter Mann, der wohl ebenfalls aus der Szene stammt und wahrscheinlich Gauloise raucht. Die Kriminalpolizei bittet die Bevölkerung um Mithilfe.

Das waren allerdings neue Tatsachen. Offenbar war Andreas Haase noch am Leben, was mein schlechtes Gewissen ein wenig beruhigte. Möglicherweise hatte er aber einen Wohnsitzlosen umgebracht, nur weil der ihm meine alte Autodecke streitig machen wollte. Franzi, Yves und ich waren wohl die Einzigen, die Kenntnis von seiner Anwesenheit am Tatort hatten. Genau genommen war es jetzt unsere Pflicht, bei der Polizei zu erscheinen und eine Aussage zu machen. Doch dann kam unsere eigene unrühmliche Rolle ans Licht, denn irgendwie waren wir ja ebenfalls schuldig geworden. Franzi bekräftigte mich nicht in meinen Zweifeln, was ich eigentlich von ihr erwartet hätte.

»Wir halten am besten die Klappe«, schlug ich vor. »Es bringt nur Ärger und kostet viel Zeit, wenn wir uns in polizeiliche Ermittlungen einmischen. Außerdem müssen wir an Jelena denken. Stell dir mal vor, der Vater ihrer Kinder ist ein Mörder und sitzt jahrelang im Knast!«

»Ich glaube, in diesem Punkt irrst du dich«, sagte sie, »meiner Meinung nach würde er wohl nur wegen Totschlags verurteilt, aber schlimm genug ist es allemal. Jelena hat es sowieso schon schwer, vielleicht hast du recht, und wir sollten ihr weitere Schicksalsschläge ersparen. Im Übrigen brauchen wir ja nichts zu überstürzen, wir können doch in Ruhe abwarten und Tee trinken.«

Unwillkürlich musste ich an Yves denken, bei dem ich schon zweimal Tee getrunken hatte. Ob er wirklich dichthielt?

»Übrigens«, sagte Franzi, »wir sollten uns von diesem ausgefransten Andreas Haase nicht permanent terrorisieren lassen. Vielleicht hat er gar nichts mit dem Toten zu tun, ist längst wieder zu Hause, und wir Heulsusen zerbrechen uns für nichts und wieder nichts den Kopf. Sollte er aber wirklich der

Täter sein und gefasst werden, dann brauchen wir sowieso nichts mehr von ihm zu befürchten. Wir sollten endlich mal auf andere Gedanken kommen! Am Freitag ist wieder Klubabend, diesmal bei Eva zu Hause. Im Gegensatz zu euch war ich noch nie dort, wo wohnt sie überhaupt?«

»In der Nordstadt«, sagte ich, »im sogenannten Nibelungen-Viertel. Vor über hundert Jahren hat man die Straßen eines Neubaugebiets nach den Protagonisten aus dem gleichnamigen Heldenepos benannt – also Siegfried, Kriemhild, Brunhild und Gunter. Nach dem Zweiten Weltkrieg kamen dann noch Gernot, Giselher, Volker und Hagen dazu. Als wir damals bei Eva waren, hat sie uns als eingefleischte Lehrerin einen Vortrag über ihren Kiez gehalten. Ich glaube, du warst krank und konntest nicht mitkommen.«

»War ihr Mann etwa auch dabei?«

»Er hat uns am Anfang begrüßt und Prosecco eingeschenkt, aber Eva hat es ihm zum Glück verboten, sich bei uns einzunisten, bloß der Kater durfte bleiben. Vielleicht ist Evas Mann sogar ganz okay – eigentlich kennt nur Corinna ihren dicken Kollegen etwas besser, aber die beobachtet zwar gern, aber lästert leider nicht.«

Anfangs war es ein durchaus lustiger Abend, bis man nach dem Essen auf den Leichenfund in der Weschnitz zu sprechen kam. Jelena war ein wenig angeheitert und sehr redselig, was bis jetzt noch nie vorgekommen war. »Als ich in der Zeitung las, dass der Mörder Gauloise geraucht hat, kam mir sofort in den Sinn, dass Andreas der gesuchte Mann sein könnte. Schließlich wollte er genau an diesem Tag und genau an diesem Ort mit den Kindern die Enten füttern, woraus aber dank meiner Umsicht nichts geworden ist. Ich war nämlich mit den Jungs im Heidelberger Zoo, er konnte uns also nicht erreichen. In einer Wolkenformation habe ich allerdings eine düstere Szene entdeckt, über die ich lieber nicht reden möchte. Ich weiß ja, wie ihr darüber denkt ...«

»Na, sag schon«, ermunterte sie Eva. »Ich finde es immer amüsant, wenn du die Wahrsagerin gibst!«

»Corinna wird mich aber auslachen«, sagte Jelena. »In den Wolken türmte sich so etwas wie eine Himmelsleiter, die Andreas besteigen wollte. Doch die Sprossen waren defekt, ein Absturz war kaum zu vermeiden ...«

»Na gut«, meinte Corinna versöhnlich, »du bist zwar keine Wahrsagerin, aber eine ausgezeichnete Psychologin. Hast du uns nicht früher schon mal berichtet, dass dein Ex immer wieder abgestürzt ist?«

Franzi und ich sahen uns wortlos an, denn bei diesem Thema war es vorbei mit unserer guten Laune.

10

Keine Poussierstängel

Es war wie verhext, selbst bei einem fröhlichen Klubabend konnten Franzi und ich nicht einfach abschalten. Eigentlich wäre ich am liebsten auf der Stelle nach Hause gefahren, aber das hätte die Gastgeberin bestimmt unhöflich gefunden. Leider schienen nämlich unsere Freundinnen das leidige Thema immer noch nicht beenden zu wollen.

Eva fragte ebenso unverfroren wie aufgekratzt: »Mal ehrlich gesagt: Wärst du nicht im Grunde deiner Seele ganz froh, wenn dein Ex von der Leiter stürzen und dabei umkommen würde?«

Jelena wurde nachdenklich, antwortete nicht sofort, sondern wiegte den Kopf hin und her.

»Die Kinder hängen sehr an ihrem Papa, das ist leider das einzige Argument, das für ihn spricht. Ich dagegen möchte möglichst wenig mit ihm zu tun haben, aber am liebsten wäre mir natürlich, er fände wieder eine Anstellung, würde Unterhalt zahlen und endlich mit einer Therapie beginnen.«

»Du hast meine Frage nicht beantwortet«, bohrte

Eva nach. »Würde dich sein Tod denn nicht befreien? Wenn er unter der Erde läge, könntest du deinen Kindern von einem liebevollen Vater erzählen, mit ihnen das Grab besuchen und ein gerahmtes Foto samt Trauerflor auf die Vitrine stellen …«

»Wenn man es so sieht«, meinte Jelena, »dann wäre es bestimmt die einfachste Lösung.«

Von Heide war immer ein amüsanter Kommentar zu erwarten, aber diesmal hielt ich ihren Vorschlag für geschmacklos. Sie meinte kichernd:

»In einem solchen Fall kann man doch ein bisschen nachhelfen! Wozu hat man schließlich gute Freundinnen!«

»Tolle Idee!«, rief ausgerechnet die Ethiklehrerin Eva. »Und meinen Mann und deinen Felix lassen wir auch noch über die Klinge springen! Sozusagen in einem Aufwasch …«

»Viele Hündinnen sind des Hasen Tod!« Selbst Franzi lachte völlig überdreht.

Nur Corinna schien sich über das übermütige Herumalbern etwas zu ärgern. »Man macht keine blöden Witze über den Tod«, sagte sie. »Wie wäre ich froh, wenn mein Freund noch leben würde, ihr solltet es auch sein …«

Schlagartig waren alle still und machten betretene Gesichter. Über Corinnas Liebesleben war nichts bekannt. Ich hatte immer angenommen, dass sie andere Familien heimlich beobachtete, um die selbstgewählte Einsamkeit auf amüsante Weise zu kompensieren. Doch anscheinend war sie nicht immer ohne Partner gewesen und trauerte um einen schmerzlichen Verlust.

Nach ein paar verlegenen Schweigesekunden fragte die Gastgeberin: »Von meiner Crème Caramel sollte auf keinen Fall etwas übrigbleiben! Wem darf ich noch ein Restchen auftun?«

Ich sagte nicht nein, denn es schmeckte köstlich. Als ich die zweite Portion vertilgt hatte, fiel mir auf, dass Eva ein sehr hübsches Besteck geerbt hatte. Den kleinen Dessertlöffel schmückte ein Jugendstildekor: ein winziges Elfenköpfchen inmitten einer Blumengirlande. Der würde gut in meine neue Sammlung passen, schoss es mir durch den Kopf, und flugs steckte ich den Silberschatz in die Hosentasche. Doch schon nach wenigen Minuten meldeten sich Skrupel. Man bestiehlt schließlich keine Freundin! Vielleicht besaß Eva gar kein volles Dutzend, sondern nur sechs Stück, und dann merkte sie schon beim Abräumen, dass einer fehlte. Also bückte ich mich, als sei mir etwas heruntergefallen, zog das Objekt meiner Begierde wieder hervor und platzierte es ordentlich und gut sichtbar auf meinem leeren Tellerchen. Schließlich war ich keine Kriminelle.

Erst auf dem Heimweg konnten Franzi und ich ungestört über den Klubabend und die vier anderen Mädels sprechen. Wir waren uns einig, dass das Essen und die Stimmung gut gewesen waren, aber über Corinnas Biografie konnten wir nur spekulieren. Nun, sie war die Älteste von uns, klar, dass sie deshalb auch schon mehr erlebt hatte. »Aber komisch fand ich es schon«, meinte Franzi, »dass man Andreas Haase ohne besondere Skrupel um die Ecke bringen wollte. Wahrscheinlich war es ein Fehler, dass wir ihn nicht auch die zweite Treppe hinuntergestoßen haben! Ich bin immer noch sauer, weil er mein blaues Seidenkleid vollgekotzt hat. Übrigens stinkt dein Auto!«

»Dabei habe ich schon fleißig geputzt«, sagte ich. »Aber weißt du was, es war eher ein Fehler, dass ich ihm die olle Decke überlassen habe. Nur deswegen kam es wohl zum Streit mit einem Obdachlosen, der dann letzten Endes mit dem Leben bezahlen musste. Ich hätte vielleicht …«

»Hätte, hätte«, sagte Franzi. »Ich finde, es wäre für Jelena und auch für uns die beste Lösung, wenn dieser Andreas getan hätte, was Hasen nun mal zu tun pflegen: ins Gras beißen!«

Genervt über ihre ewigen Kalauer sagte ich vorerst gar nichts mehr, Franzi auch nicht. Erst als wir das Auto abgestellt hatten, machte sie wieder den

Mund auf. »Es klingt vielleicht zu abgebrüht, aber besoffene Männer lösen einfach Hassgefühle in mir aus. Mein Exmann wurde im Vollrausch manchmal gewalttätig und hat mir übel mitgespielt. Ich mag immer noch nicht darüber reden.«

»Und ich muss dir noch etwas beichten«, fuhr sie fort. »Mein Gourmet-Essen war eigentlich für Ben gedacht, der hatte aber kurzfristig abgesagt. Du warst zwar eine Lückenbüßerin, aber unterhaltsamer als zehn keusche Chorknaben! Doch nun hat er sich für morgen angemeldet, möchtest du mit irgendeinem Anliegen einfach mal reinplatzen und ihn begutachten?«

»Er heißt also Ben und sieht gut aus? Hast du nicht angedeutet, dass er leider eine Schlaftablette ist?«

»So direkt kann man das nicht sagen, ich muss ihn wohl noch ein wenig auftauen …«

»Vielleicht ist er ja ein einsamer Wolf wie Yves Baumann oder einfach nur ein bisschen schüchtern. Auch wenn ein Mann gut aussieht, muss er noch längst kein Womanizer sein. Meine Oma nannte diese Spezies übrigens *Poussierstängel,* doch zu denen gehört allenfalls dein Bruder.«

Dann standen wir vor ihrer Wohnungstür, und sie setzte ein verschmitztes Grinsen auf.

»Du hast mir doch erzählt, dass dir dein struppiger Nachbar zwei Löffelchen geschenkt hat. Der Anfang einer hübschen kleinen Sammlung! Hier kommt ein drittes Exemplar hinzu.«

Dabei zog sie einen kleinen Gegenstand aus der Tasche und reichte ihn mir. Anscheinend will es das Schicksal so haben, dachte ich und steckte Evas abgeschleckten Löffel gottergeben ein.

Hauptsächlich war ich neugierig, gleichzeitig auch ein wenig neidisch. Bis jetzt hatten Franzi und ich als Singles in einer vergleichbaren Situation gelebt. Nun hatte sie einen attraktiven Mann an der Angel, während ich nur einen einsamen Wolf als Komplizen hatte. Natürlich war ich sehr gespannt auf den Chorknaben und wartete ungeduldig auf Franzis SMS. Erst wenn sie fertig gegessen hatten und sie die schmutzigen Teller in der Küche abstellte, wollte sie mich benachrichtigen. Dann sollte ich etwa fünf Minuten später aufkreuzen, um mir ein Aspirin auszuleihen.

Als ich eintrat, stand der Lateinlehrer höflich auf, reichte mir die Hand und stellte sich ein wenig old-fashioned als *Benedikt Wissmann* vor. Mein erster Eindruck war durchaus positiv, vielleicht weil ich in seinen ebenmäßigen Zügen eine Spur von Melancholie zu erkennen glaubte. Ben hatte eine wohlklingende Stimme und volles dunkles

Haar, war groß, schlank und wirkte sehr gepflegt, äußerlich das pure Gegenteil meines Nachbarn. Ich konnte Franziska gut verstehen, dass sie sich in seinen warmen Bariton verliebt hatte und ihn *auftauen* wollte. Im Übrigen trug sie einen gelben Kaftan mit Lochstickerei, hübsch und ein bisschen zu brav. Es war mit Sicherheit eine Neuerwerbung, denn das blaue Seidenkleid war noch in der Reinigung.

Offenbar hatten die beiden gefachsimpelt, denn auf dem Couchtisch lagen Notenblätter. Mit einem raschen Blick erfasste ich den Text der ersten Zeile: *All meine Herzgedanken sind immerdar bei dir.* Franzi klärte mich auf: »Ben coacht mich, die Altstimme eines Brahmsliedes zu erlernen – leider kriege ich es ohne Nachhilfe nicht hin. Er ist mir einfach haushoch überlegen, er singt alles vom Blatt, so, wie andere Leute die Zeitung vorlesen ...«

Ich wusste, dass Franzi nie ein Instrument gespielt hatte und sich mit den Noten schwertat.

Ben lächelte teils geschmeichelt, teils verschämt und meinte: »Danke für das unverdiente Kompliment, denn ich war schließlich von klein auf privilegiert. Wer nämlich in meiner Situation keine Noten gelernt hätte, bei dem wären Hopfen und Malz verloren gewesen! Schon als Grundschüler und bis zum Abitur sang ich im Kirchenchor, und da ich auf Wunsch meiner Eltern Priester werden sollte, kam ich auch als Theologiestudent nicht aus der Übung!«

»Aber letzten Endes bist du Lateinlehrer geworden«, sagte Franzi und sah ihren Gast nachdenklich an.

»Ja, Latein und Religion sind meine Fächer«, sagte er. »Nach drei Semestern habe ich begriffen, dass der Zölibat nicht unbedingt der richtige Weg für mich ist.«

Hinter Bens Rücken warf mir Franzi einen verschwörerischen Blick zu. Ich verstand ihn so, dass sie nun ohne meine Gegenwart mit ihrem Auftau-Programm beginnen wollte, und verzog mich, die Aspirin-Tablette hatten wir beide völlig vergessen.

Als ich kurz darauf im Bett lag, konnte ich nicht gleich einschlafen. Nun hatte ich also den schmucken Pädagogen kurz kennengelernt, und Franzi würde demnächst ein Gutachten von mir erwarten. Irgendwie passt er nicht zu ihr, dachte ich, oder gönnte ich ihr kein Liebesglück? Ein Poussierstängel war er auf keinen Fall, wahrscheinlich suchte er auch keine amourösen Flirts und One-Night-Stands, sondern eine Frau zur Familiengründung. Doch da hatte er wohl die Rechnung ohne die Wirtin gemacht, oder irrte ich mich in Franzi? Würde sie sich demnächst ganz artig verloben, noch mal heiraten, Kinder kriegen und über den Klub der sechs durchgeknallten Weiber bloß die Nase rümpfen? Saßen die beiden jetzt noch stundenlang nebeneinander und sangen Liebeslieder von Brahms? Ich stand wieder auf und suchte im Internet nach dem kompletten Text des ebenso romantischen wie schwermütigen Liedes. Die letzte Strophe blieb mir noch im Gedächtnis, als ich schon längst wieder im Bett lag.

Gott wolle die vereinen, die füreinander sind!
Von Grämen und von Weinen wird sonst das
Auge blind. Treuliebe steht in Himmelshut, es
wird noch alles, alles gut.

Meine Träume waren in dieser Nacht ziemlich verworren – allerdings konnte ich mich am nächsten Tag noch erinnern, dass ich einen wilden Wolf gezähmt, während Franzi bloß einen Eisblock aufgetaut hatte.

Über Wolken-Orakel hatte ich bisher bloß gelächelt, über wegweisende Träume nicht unbedingt. Natürlich wissen wir alle, dass unser Hirn selbst im Schlaf noch rastlos sortiert und verarbeitet und deswegen schon so manches im Voraus weiß, was unser nüchterner Verstand noch gar nicht realisiert hat. Psychologen haben spätestens seit Freud erkannt, wie aufschlussreich die Traumdeutung sein kann. Vergeblich sagte ich mir, dass es ein purer Zufall war, als mir Yves Baumann an einem der nächsten Tage in einem völlig neuen Look begegnete. Tief im Inneren hoffte ich nämlich, dass es mein positiver Einfluss gewesen war, der ihn gezähmt und zum Frisör getrieben hatte. Zwar hätte ich nie gewagt, ihn mit diesbezüglichen Vorschlägen zu demütigen, aber es konnte ja trotzdem sein, dass er sich ein wenig vor mir geschämt hatte und ihm die eigene Lotterwirtschaft plötzlich unangenehm wurde.

Als ich ihn an jenem Sonntag auf der Treppe traf, entfuhr mir ein verwundertes »Wie siehst du denn aus!«, denn ohne lange Haare und Bart hätte ich ihn fast nicht erkannt. Statt seiner ewig schmuddeligen Cordhose trug er saubere Jeans und ein kragenloses blau-weiß gestreiftes Hemd aus Leinen, das gut mit seinen blauen Augen harmonierte. Um mein etwas taktloses Erstaunen wiedergutzumachen, bot ich ihm eine Tasse Kaffee an und nahm ihn mit in meine Wohnung.

»Du wunderst dich mit Recht über mein Aussehen«, sagte Yves. »Ich habe mir einfach ein Beispiel an den Maikäfern genommen, die eine Zykluszeit von vier Jahren haben. Bei mir war also auch mal eine Metamorphose fällig – ich war tatsächlich beim Coiffeur!«

»Steht dir vorzüglich«, beeilte ich mich zu beteuern. »Leider habe ich keinen Matcha Tee, aber wie ich sehe, schmeckt dir der Kaffee auch ganz gut.«

Der gezähmte Wolf nickte begeistert. »Und gibt es etwas Neues über euren Säufer?«, fragte er. »Bisher hat mich noch kein Polizist zur Wasserleiche befragt, doch warum sollte er auch? Falls es aber trotzdem dazu kommen würde, wird es mir ein Vergnügen sein, die Gesetzeshüter zu belügen. Man fühlt sich doch gleich wie ein Enfant terrible, wenn man sich hin und wieder nicht gesetzeskonform verhalten kann.«

Hm, dachte ich, er ist ja weiß Gott noch kein Greis.

»Wie steinalt bist du denn?«, fragte ich neugierig.

»Schon zweiunddreißig«, sagte er seufzend. »Und immer noch ohne feste Anstellung …«

Nach einer kurzen Pause, in der mir nichts Tröstliches einfiel, setzte er wieder an, indem er das Thema wechselte: »Bei dir sieht es total aufgeräumt aus, wie schaffst du das nur?«

Bei diesem Lob wurde ich beinahe verlegen, denn ich hatte ausnahmsweise am Vormittag ein wenig ausgemistet und sauber gemacht. Yves hatte ja heute zum ersten Mal mein Wohnzimmer betreten und konnte nicht ahnen, dass es hier oft genug ziemlich chaotisch aussah und ich alles andere als eine Ordnungsfanatikerin war. »Wenn ich ehrlich bin, muss ich zugeben, dass es nicht immer so gepflegt zugeht wie gerade jetzt«, sagte ich bescheiden.

Yves ließ nachdenklich seine Blicke schweifen, und sie blieben an meiner Untertasse und Evas kleinem Löffel hängen. »Wir scheinen irgendwie wesensverwandt zu sein, denn wir gehören beide zu den Sammlern, die nicht wahllos nach allem grabschen, was ihnen in die Finger kommt. Bei mir sind es Bücher …«

»Wenn du glaubst, ich hätte alle meine Schubladen mit antiken Löffeln gefüllt, dann bist du auf dem Holzweg«, widersprach ich.

»Um überleben zu können, waren unsere Vorfahren bekanntlich Sammler und Jäger«, fuhr Yves in seinen Überlegungen fort. »Dieser Trieb ist bis in die heutige Zeit erhalten geblieben. Bei meinen Eltern war es leider so, dass sie vom Spaziergang immer ein Fundstück mitbringen wollten. Mein Vater war Arzt, am Mittwoch hatte er nachmittags frei, und dann musste ich mit den Eltern in den Vogesen wandern gehen. Im Sommer waren es Blumen und Beeren, im Herbst Pilze, im Winter Kaminholz, Zapfen und Tannenzweige, die gesammelt wurden. Ja, sie wurden sogar kriminell und gruben geschützte Pflanzen aus, zum Beispiel Maiglöckchen und Fingerhut, um sie im Garten anzusiedeln. Als ich in die Pubertät kam, wurde ich natürlich rebellisch und habe mich ausgeklinkt. Wohl aus purer Opposition fing ich an, Bücher zu sammeln …«

»Immer noch besser, als wenn man zum Jäger mutiert und töten will«, meinte ich.

»Stimmt leider nicht ganz, denn es läuft oft auf das Gleiche hinaus: Beute ist Beute. Ich glaube sogar, dass das sinnlose Shoppen von euch Frauen nur durch den atavistischen Sammel- und Jagdtrieb zu erklären ist. Wobei unsere Vorfahren wahrscheinlich nur so viel herbeischafften, wie sie auch tatsächlich zum Leben brauchten, während es heute fast zur Perversion ausartet.«

»Allerdings!«, sagte ich. »Ich kenne Frauen, die ständig neue Kleidung kaufen, um sie dann – oft noch mit Preisschild – nur im Schrank hängen zu lassen. Zu denen gehöre ich zum Glück nicht. Hin und wieder brauchen wir aber alle mal etwas Neues, heute hast selbst du eine Ausnahme gemacht und dir ein schickes Hemd gegönnt!«

Nun wurde er verlegen. »Es wurde aber auch Zeit«, sagte er, während ich mit schlechtem Gewissen über meine Behauptung nachdachte. Natürlich hatte auch ich mir schon einige überflüssige Fehlkäufe geleistet, war zu faul gewesen, bestellte Ware zurückzuschicken, oder hatte erst im Nachhinein festgestellt, dass ich für das edle Stück überhaupt keine Verwendung hatte. Eigentlich war ich eine falsche Schlange, wenn ich über andere Frauen lästerte. In diesem Moment setzte Yves wieder an.

»Neulich sah ich einen fremden Mann aus der Wohnung deiner Freundin kommen. Mon dieu, sah der gut aus! Genau diesen Anstoß brauchte ich vielleicht, um mich vor den Spiegel zu stellen und mich kritisch zu betrachten. Junge, Junge, dachte ich, so kann es nicht weitergehen!«

Also war es gar nicht mein positiver Einfluss gewesen, sondern einzig und allein der Anblick eines gepflegten Lateinlehrers, der meinen vergammelten Nachbarn zur Einsicht gebracht hatte. Ich ließ mir meine Ernüchterung aber nicht anmerken.

II

Angsthasen

Über die klugen Worte meines Nachbarn musste ich noch nachdenken, als ich schon längst wieder allein war. Natürlich war meine riesige Foto-Kollektion, die ich seit Jahren vergrößerte, ein Beweis für meinen genetischen Sammeltrieb, die drei Löffel fielen dagegen kaum ins Gewicht. Doch im Gegensatz zu gekauften, gefundenen, geerbten, getauschten, geschenkten oder geklauten Gegenständen waren meine Pflanzenfotos ein rein virtuelles Abbild, kosteten nichts, nahmen niemandem etwas weg, schadeten keinem, aber langweilten mich bereits ein wenig. Vielleicht sollte ich zwar mit diesem unschuldigen Hobby fortfahren, aber meine mickrigen Kräutlein um eine neue und nützlichere Kategorie erweitern. Schließlich arbeitete ich in einer Apotheke und wusste nur zu gut, wie sehr ein Großteil unserer Kundschaft auf die Heilkräfte der Natur vertraute. Fast alle Pflanzenteile, also Rinden, Samen, Wurzeln, Blüten und Blätter, kommen zum Einsatz. Ginseng und Ginkgo, Baldrian, Mariendistel und Rosskastanie, Hagebutten und Kürbiskerne – um nur ein paar Beispiele zu nennen – liefern beliebte Pulver, Kapseln, Pillen, Tees und Tropfen. Wäre es nicht eine neue Herausforderung, bewährte und auch weniger bekannte Heilpflanzen zu fotografieren? Schließlich gab es im Weinheimer Schlosspark in der Nähe der Vogelvoliere einen wunderbaren Kräutergarten mit Arznei-, Gewürz- und Duftpflanzen, sorgfältig nach Indikationsgebieten geordnet. Eine anregende Ausstellung im Schaufenster meiner Apotheke würde vielleicht sogar meiner Chefin imponieren, und meine Kunst könnte endlich von einem breiteren Publikum bewundert werden. Im Geiste sah ich schon die blühende Knoblauchsrauke vor mir, aber auch so manches Kräutlein aus meinem Fundus, etwa Löwenzahn und Gundermann. Allerdings musste ich unbedingt vor jenen Pflanzen warnen, die zwar von der Pharma-Industrie verarbeitet werden, doch auf keinen Fall in der heimischen Küche Verwendung finden dürfen. Hatte Yves nicht erzählt, dass seine Eltern Maiglöckchen und Fingerhut im eigenen Garten angesiedelt hatten? Nun, sein Vater war Arzt und kannte sich mit der toxischen Wirkung von Digitalis aus, doch ein Laie würde sich mit Eigenmedikation in Lebensgefahr bringen. Vielleicht sollte ich eine zweite Serie mit Giftpflanzen anfertigen und als Warnung ebenfalls ausstellen. Wie in einem mittelalterlichen Gemälde der Abgrund zwischen ewiger Verdammnis und himmlischer Erlösung abgebildet wird, so anschaulich stellte ich mir meine Darstellung der heilenden und todbringenden Kräuter vor. Im rechten Schaufenster die Guten mit einem Engel als Symbol, im linken die Bösen mit Satan oder Totenschädel. Klar war, dass ich mich mit dem Fotografieren beeilen musste, denn die Nächte wurden kalt, empfindliche Gewächse waren vielleicht schon erfroren.

Doch ich hatte Glück mit den Heilkräutern – die Ausbeute im Schlossgarten war trotz der niedrigen Temperaturen immer noch ausgezeichnet. Pech hatte ich allerdings mit den Giftpflanzen, denn wo gab es schon einen Ort mit einer Fülle von teuflischen Stauden? Auch in meiner vorhandenen Sammlung hatte ich bisher nur kleine Pflanzen aufgenommen und kaum größere Gewächse wie Goldregen, Pfaffenhütchen, Glyzinien, Engelstrompeten, Riesenbärenklau, Herkulesstaude, Seidelbast und Tollkirsche. Selbst Maiglöckchen hätten schwerlich zu meinen bemitleidenswerten Blümchen gepasst, bloß ein paar umgeknickte Herbstzeitlose hatte ich bisher für würdig erachtet. In meiner Not, oder besser gesagt in meinem ungezügelten Eifer, fuhr ich an meinem freien Nachmittag in ein nahe gelegenes Gartencenter mit einer großen Auswahl an Stauden. Dort gab es immerhin Rittersporn, Eisenhut, Tränende Herzen, Christrosen und Fingerhut, die natürlich jetzt im Spätherbst längst abgeblüht waren. Kurzentschlossen kaufte ich je ein Exemplar, obwohl ich ja gar keinen Garten besitze. Es war wohl kein Problem, die eingetopften Pflanzen nach ihrer Verwendung als Fotomodel wieder zu verschenken, zum Beispiel an eine der befreundeten Lehrerinnen.

Als ich meiner Chefin sowohl meine Idee als auch die schönsten Fotos unterbreitete, zog sie die Brauen hoch. Ich sah ihr sofort an, dass Kritik oder gar Ablehnung angesagt war.

»Man könnte durchaus mal ein ganzes Fenster mit homöopathischen Präparaten bestücken und im Hintergrund ein paar passende Heilkräuterfotos zeigen«, meinte sie. »Aber doch keine Giftpflanzen! Fingerhut ohne die charakteristischen Blüten, das ist doch witzlos! Da müssten Sie im Sommer noch mal ran, wenn überhaupt – denn Gift gehört eigentlich in keine Apotheke.«

Das war typisch für meine humorlose und autoritäre Chefin. Obwohl ich mich in ihrem Laden im Grunde ganz wohlfühlte, auch die Kolleginnen alle mochte, hatte ich schon mehrmals erwogen, ihretwegen zu kündigen. Doch auch diesmal unterdrückte ich meinen Ärger, allerdings nicht meine Pläne. Also gut, dachte ich, verschoben ist nicht aufgehoben. Bis zum nächsten Sommer würde es allerdings durch die vielen Blumentöpfe auf dem Fensterbrett noch etwas dunkler in meiner Küche werden. Sobald es aber im kommenden Jahr die ersten Blüten gab, würde ich die schönsten Fotos machen.

»Was hast du dir denn da für trostlose Gewächse angeschafft!«, sagte Franzi, als sie meine Neuerwerbung entdeckte. »Na ja, du hast schon immer ein Herz für Außenseiter gehabt, sozusagen für die Parias in den Slums, allerdings waren sie bisher nie größer als ein paar Zentimeter. Ich verstehe leider nichts von Botanik, oder kann es sein, dass du umsatteln möchtest? Willst du vielleicht Zutaten für die vitaminreiche *Grüne Sauce* züchten?«

»Es sind Pflanzen, die erst im Frühjahr und Sommer ihre Blütenpracht entfalten, außerdem sind sie giftig. Untersteh dich also, ein paar Blättchen für deinen Salat abzupflücken!«

Gerade als Franzi wieder gehen wollte, läutete es direkt an meiner Wohnungstür, und meine Freundin öffnete fast reflexhaft. Doch vor uns stand nicht etwa der insgeheim erhoffte Yves Baumann, sondern Andreas Haase. Sekundenlang erstarrte ich vor Schreck. Wie konnte das nur sein! Wahrscheinlich hatte der fast schon totgeglaubte Feind bei den Spaniern auf die Klingel gedrückt, und sie hatten ihm arglos geöffnet.

»Ladies, ich muss unbedingt mit euch reden«, sagte der Mann und drängte sich an Franziska vorbei in die Diele.

»Verlassen Sie sofort meine Wohnung! Wir wollen Sie hier nie wieder sehen«, herrschte ich ihn an, während die resolutere Franzi bereits das Handy für den Notruf zückte.

»Wartet doch wenigstens ein paar Minuten, bis ich euch mein Problem erklärt habe«, sagte der Störenfried. Ich bot ihm zwar keinen Platz an, gab aber insofern etwas nach, als ich im Ton einer strengen Polizeibeamtin befahl: »Nur drei Minuten. Was wollen Sie von uns? Ich höre!«

»Gerade erst habe ich erfahren, dass man mich verdächtigen könnte, einen Obdachlosen auf dem Gewissen zu haben«, sagte Andreas Haase. »Man hat angeblich eine Leiche in einem Flüsschen gefunden und sucht nun einen Mann, der mit dem Toten gestritten haben soll. Bis jetzt weiß niemand außer euch, dass ich an jenem Abend überhaupt in Weinheim war. Ihr dürft also unter keinen Umständen etwas von meinem Besuch verraten!«

Franzi konterte kühl und duzte ihn jetzt nicht

mehr, wie sie das früher getan hatte: »Wie kämen wir überhaupt dazu, ausgerechnet mit Ihnen Mitleid zu haben? Bilden Sie sich etwa ein, wir würden einen Mörder schützen?«

»Das müsst ihr doch gar nicht, weil ich kein Mörder bin«, sagte er. »Wollt ihr allen Ernstes, dass der Vater von Jelenas Kindern unschuldig im Knast landet?«

»Dann hätten wir endlich Ruhe vor Ihnen«, sagte ich. »Aber wenn Sie wirklich eine weiße Weste haben, hätten Sie doch gar nichts zu befürchten.«

»Die Umstände sprechen leider gegen mich«, sagte er. »Aber euch trifft zumindest eine Mitschuld, deswegen würde ich an eurer Stelle sowieso lieber die Klappe halten. Schließlich habt ihr mich in wehrlosem Zustand in einer eiskalten Nacht einfach im Freien abgeladen!«

»Was ist denn Ihrer Meinung nach tatsächlich passiert?«, fragte Franzi. »Eine unumstößliche Tatsache ist doch der Tod eines Penners, der offenbar nicht an Altersschwäche gestorben ist.«

»Der wollte mir die Bank streitig machen, hat mich geschubst und mir meine Zigaretten und die Decke weggenommen …«

»Und aus Wut haben Sie ihn abgemurkst«, sagte Franzi.

»Nein, niemals! Wir haben gestritten, das stimmt.

Dann wollte er mit der Decke abhauen, ich hinterher, schließlich haben wir uns wohl geprügelt, so genau kann ich mich nicht erinnern. Als ich ihm die Decke endlich entreißen konnte, habe ich dem Schnapsbruder allerdings noch einen ordentlichen Tritt verpasst und mich verdrückt. Aber davon ist er bestimmt nicht gestorben!«

Ich sah den teils kleinlauten, teils erregten Mann nachdenklich an. Er hatte gerade von einem *Schnapsbruder* gesprochen, obwohl er selbst zu dieser Kategorie gehörte.

»Herr Haase«, sagte ich. »Bisher hatte die Polizei noch gar keinen Grund, ausgerechnet uns zu befragen. In der Zeitung wird nur ganz allgemein um Mithilfe der Bevölkerung gebeten. Falls aber alles so stimmt, wie Sie es gerade erzählt haben, dann könnten wir uns auf einen Deal einlassen: Wenn wir von den Behörden nicht kontaktiert werden, dann melden wir uns auch nicht freiwillig bei der Polizei. Und im Gegenzug versprechen Sie, dass Sie uns in Zukunft nie mehr belästigen.«

Anscheinend war er einverstanden, denn er nickte erleichtert.

»Danke«, sagte er, drehte sich um und verließ meine Wohnung mit gesenktem Kopf.

»Ich bezweifle sehr, dass er die Wahrheit sagt, er hat auf jeden Fall ein wahnsinnig schlechtes Gewissen«, fand Franzi. »Und noch größer ist seine Angst, denn dieser Hase ist eigentlich ein rechter Hasenfuß …«

»Hör auf mit deinen doofen Wortspielen«, fuhr ich sie an und ging ans Fenster, um mich zu vergewissern, ob Andreas Haase tatsächlich unser Haus verließ. Im Schein der Straßenlaterne konnte ich beobachten, dass er über eine Stufe des Kopfsteinpflasters stolperte, aber schon nach wenigen Schritten vor dem alten Rathaus am Marktplatzbrunnen stehen blieb und sich eine Zigarette anzündete.

Franzi trat neben mich. »Ob es richtig war, ihn so einfach davonkommen zu lassen?«, fragte sie. »An deinen seltsamen Vorschlag sollten wir uns eigentlich nicht halten. Wenn rauskommt, dass wir mit ihm unter einer Decke stecken, dann machen wir uns vielleicht strafbar!«

»Ja, die Decke!«, sagte ich. »Die liegt übrigens wieder in meinem Kofferraum. Vielleicht sollte ich sie entsorgen …«

»Kannst du machen, die war sowieso ziemlich eklig und ist bestimmt die Ursache für den Gestank in deinem Wagen. Aber was hältst du von der Idee, dass wir ohne Angabe unseres Namens bei der Polizei anrufen? Zum Beispiel so: *Der Weschnitz-Mörder ist ein gewisser Andreas Haase aus Mannheim …*, und dann legen wir sofort auf.«

Ich schüttelte den Kopf. »Das ist doch Quatsch, anonyme Anrufe werden bestimmt gespeichert. Außerdem geht es doch gar nicht um Mord, sondern um einen Unfall, höchstens um Totschlag. Wahrscheinlich ist der Obdachlose durch den Tritt von Andreas Haase die Böschung runtergestürzt und im Wasser gelandet, konnte sich in seinem labilen Zustand nicht ans Land retten und ist ertrunken. Wenn der Hase uns und Jelena von jetzt an in Ruhe lässt, wäre es doch überhaupt nicht nötig, gegen ihn vorzugehen. Denunzieren liegt mir einfach nicht!«

»Irgendwie bist du selbst ein richtiger Hasenfuß«, meinte Franzi. »Am liebsten willst du dich aus allem raushalten, etwas mehr Mumm täte dir gut. Ich verzeihe dem Mistkerl nicht so schnell, dass er mein bestes Kleid ruiniert hat! Aber nun Schluss damit, ich wollte sowieso gerade gehen.«

An der Tür drehte sie sich allerdings noch einmal um.

»Weißt du, dass ich heute über einen seriösen Zeitungsartikel laut lachen musste? Der Künstler Joseph Beuys, der vor etwa hundert Jahren geboren wurde, wollte wohl bei einer Ausstellung das Publikum verarschen. Mit einem toten Hasen auf dem Arm lief er von Kunstwerk zu Kunstwerk und erklärte dem Tier seine Bilder. Später hat er den Journalisten weisgemacht, der Hase sei ein Symbol der Inkarnation, also von Tod und Auferstehung! Lustig, nicht wahr?«

»Nein«, sagte ich. »Du hast es bloß nicht kapiert, ich übrigens auch nicht. Und ich verstehe sowieso nicht, wie du über einen toten Hasen auch noch lachen kannst.«

»Kann ich im Gegensatz zu dir, du humorlose Angsthäsin«, sagte Franzi, kicherte wie ein Teenager und knallte die Tür zu.

Endlich war ich allein, denn nach dem Auftritt von Andreas Haase ging mir auch Franzi im Augenblick mächtig auf die Nerven. Ja, sie war zwar meine beste Freundin, aber so richtig klug wurde ich nicht aus ihr. Über ihre gescheiterte Frühehe sprach sie fast nie oder nur in Andeutungen und schon gar nicht über ihre Schwangerschaft und die sicherlich traumatische Fehlgeburt. Wie hatte sie das alles verarbeitet? War es ein Wunschkind gewesen, das sie verloren hatte? Oder war sie am Ende sogar froh und erleichtert gewesen, weil weder dieser Mann noch ein Säugling zu ihrem Lebensplan gehört hatten? Beim Anblick der Babypuppe meiner Tante Karin hatte sie nicht erschrocken reagiert, sondern hatte losgewiehert; allerdings war sie auch ziemlich betrunken gewesen. Auf jeden Fall suchte sie jetzt keinen neuen Partner für eine dauerhafte

Beziehung, sondern ein amouröses Abenteuer. Ob da der Lateinlehrer der Richtige war? Ich bezweifelte es, denn dieser gutaussehende Chorsänger war viel zu ernsthaft und introvertiert, um sich auf eine kurzfristige Affäre einzulassen. Außerdem hatte ich keine Ahnung, ob Franzi in ihrem Beruf als Schulsekretärin glücklich oder wenigstens zufrieden war, denn eigentlich hatte sie ja selbst Lehrerin werden wollen. Andererseits gab es im Kollegium anscheinend keine dünkelhafte Hierarchie, Franzi war mit den Lehrerinnen Corinna und Eva befreundet und durfte, auch ohne Noten lesen zu können, im Lehrerchor mitsingen. Es sprach des Weiteren für sie, dass sie bei den Schülern recht beliebt zu sein schien, denn sie hatte Verständnis für jeglichen Unsinn, galt als Anlaufstelle für so manches Problem und fungierte gelegentlich sogar als Mediatorin zwischen Schülersprecher und Direktor. Auch ich hatte sie zur Vertrauten auserkoren und ihr viel von meiner Kindheit und Jugend, von meinen Ängsten und geheimen Wünschen erzählt, doch es war mir bisher nie klar geworden, dass meine Offenheit nicht auf Gegenseitigkeit beruhte. Und so konnte ich auch nicht ahnen, dass sie hinter meinem Rücken einen verhängnisvollen Brief verfasste, übrigens mit der linken Hand in Spiegelschrift geschrieben, was ja nicht besonders schwer zu entziffern ist. Erst nachdem sie das Schreiben abgeschickt hatte, beichtete sie mir ihre Tat. Ich konnte es kaum fassen, dass Franziska entgegen unserer Abmachung zur Verräterin geworden war; ihr Hass auf betrunkene Männer hatte ihr anscheinend völlig den Verstand vernebelt. Einen Anruf bei der Polizei hatte ich ihr zwar ausreden können, aber es gab ja noch andere Methoden der anonymen Denunziation, auch wenn handgeschriebene Zettel als äußerst altmodisch gelten. Unsere gescheiterte Erpresseraktion als Kinder habe ich schon erwähnt. Franziskas Brief war in seiner Machart und Formulierung fast ebenso naiv, aber gerade deswegen stand die Kriminalpolizei vor einem Rätsel und ging der Sache wohl etwas halbherzig nach. Wahrscheinlich nahm man an, ein fantasiebegabtes Kind hätte dieses Schreiben angefertigt. Und dank zahlreicher Filme wusste selbst ein Grundschüler, dass ein Profi keine Fingerabdrücke hinterlassen durfte. Trotz aller Zweifel führte dieser Brief dennoch dazu, dass man Haase unter die Lupe nahm. Er wurde zur Vernehmung einbestellt, und seine Aussagen wurden protokolliert. Da er abstritt, an jenem Tag Mannheim verlassen zu haben, reichte die ebenso laienhafte wie stümperhafte Anschuldigung jedoch nicht für einen Haftbefehl. Man konnte Haase vorerst nichts nachweisen und argwöhnte anfangs sogar, dass sich seine frühere Partnerin vielleicht an ihm rächen wollte. Jelena versicherte jedoch glaubhaft, sie habe den Vater ihrer Kinder seit Wochen nicht gesehen, womit sie mehr oder weniger für sein Alibi sorgte.

12

Butzlumbe

Ohne Prosecco war ein lustiges Klubtreffen zwar undenkbar, aber leider kam es immer wieder vor, dass allzu viel getrunken wurde. Besoffene Männer wie Andreas Haase sind mir ein Gräuel, vielleicht bin ich deswegen bei Frauen besonders empfindlich, auch wenn es kaum zu schlimmen Exzessen und fast nie zu Gewalttätigkeit kommt. Aber dummes Geschwätz, tränenreiches Selbstmitleid, peinliche Geständnisse oder Ausplaudern von Vertraulichkeiten sind auch nicht gerade erfreulich. Sowohl Eva, die sich als Sportlehrerin eigentlich für eine gesunde Lebensweise einsetzt, als auch Heide neigen zu einem erhöhten Konsum alkoholischer Getränke. Heide wird dann meistens sentimental und weinerlich, Eva wird albern und schrecklich neugierig. Bezeichnenderweise hängt in ihrer Küche ein wohl lustig gemeintes Schild: *I cook with wine, sometimes I even add it to the food.* Wir anderen wissen Bescheid und mahnen zum Aufbruch, bevor es unangenehm werden könnte. Auch Franzis

Alkoholpegel war das eine oder andere Mal grenzwertig, aber sie verlor eigentlich nie die Kontrolle. Einmal konnte sie es sich allerdings nicht verkneifen, zum Abschied noch einen abgedroschenen schwäbischen Kalauer loszuwerden. In Gegenwart aller Klubschwestern erhielt die Gastgeberin ein zweifelhaftes Kompliment: »Geschmeckt hat's nicht, aber es war zu wenig!«

Leider entsprach der taktlose Satz der Wahrheit. Heide war keine begnadete Köchin, die Tiefkühl-Pizza war durch zu langes Backen steinhart und an den Rändern schwarz geworden, so dass ein großer Teil abgeschnitten werden und in den Müll wandern musste. Aber anstatt wie sonst aus nichtigem Anlass fröhlich zu lachen, musste die Freudenrednerin Heide bitterlich weinen.

Ein andermal war es bloß ein Wort, das pausenloses albernes Kichern auslöste. Eva hatte ein Glas Wein verschüttet und verlangte einen *Butzlumbe*. Corinna, die stets Hochdeutsch sprach, meinte übersetzen zu müssen: »Das ist ein Putzlappen.« Vielleicht bin ich ja tatsächlich humorlos, wie Franzi behauptet, denn ich konnte nicht verstehen, warum an jenem Abend immer wieder dieses Wort fiel und alle anderen völlig überdreht zu gackern anfingen. Aber im Grunde war der *Butzlumbe* nur ein harmloser Blödsinn.

Viel schlimmer fand ich es, dass man meine Freundin zum Heulen gebracht hatte. Leider wollte die angesäuselte Eva unsere sonst so taffe Franzi über ihr Liebesleben aushorchen, im speziellen Fall über ihre Beziehung zum singenden Lateinlehrer. Irgendwie hatte sie mitgekriegt, dass die beiden sich privat getroffen hatten. Assistiert von Heide, bohrte Eva hartnäckig nach, wobei mich ihr verschlagenes Grinsen zwar nervte, aber noch nicht misstrauisch machte. Corinna versuchte mehrmals, das Thema zu wechseln, aber inzwischen spitzte auch Jelena die Ohren. Nichts war wohl interessanter als eine beginnende Affäre, wobei nur unsere beiden Lehrerinnen ihren attraktiven Kollegen mehr oder weniger gut kannten.

Franzi hielt sich tapfer. »Außer Spesen noch nichts gewesen«, meinte sie schlagfertig, gab aber zu, dass sie scharf auf den Chorsänger war.

»No kisses?«, fragte die penetrante Eva.

»Was nicht ist, kann ja noch werden«, behauptete Franziska mit verschmitztem Lächeln. Anscheinend begriff sie nicht, dass man ihr gerade übel mitspielte. In diesem Augenblick wurde es Corinna zu viel.

»Schluss mit dem grausamen Spiel«, herrschte sie Eva an. »Kapiert ihr nicht, dass Franzi völlig ahnungslos ist?«

Arglos war auch ich, ebenso Jelena und Heide. Fragend sahen wir Corinna an. Sie fasste sich kurz.

»Ben ist schwul«, sagte sie. »Im Kollegium wissen es alle, er hat sich ziemlich bald geoutet, nachdem er neu zu uns gestoßen war. Wahrscheinlich hat er deswegen geglaubt, auch Franzi sei informiert. Schließlich arbeitet sie im Sekretariat und singt im Lehrerchor.«

Betretenes Schweigen. Dann meinte Jelena leise: »Es soll ja auch Männer geben, die bi sind …«

Eva widersprach fast etwas schadenfroh: »Nee, das ist er bestimmt nicht; er trauert einem langjährigen Freund nach, der einen anderen geheiratet hat.«

Franzi behielt immer noch mühsam die Fassung und fragte: »Wollt ihr mich verarschen? Woher wisst ihr das überhaupt?«

»Das hat sich rasch herumgesprochen«, sagte Eva. »Eigentlich müsstest du es längst gemerkt haben, oder hast du den Ehrgeiz, den schönen Benedikt umzupolen?«

Alle schauten Franzi erwartungsvoll an, aber sie brachte nicht wie sonst einen mehr oder weniger passenden Scherz über die Lippen, sondern fing an zu weinen, griff nach ihrer Handtasche und lief zur Tür. Ich folgte ihr auf dem Fuß.

Als wir im Auto saßen, stieß sie schluchzend immer wieder den einen Satz heraus: »Ich gehe nie wieder zum Klubtreffen, nie wieder ...«

»Sie haben es nicht böse gemeint«, versuchte ich sie zu trösten. »Aber nun weißt du wenigstens, dass bei deinem Chorknaben alle Liebesmüh vergeblich ist!«

Erst als wir am Marktplatz ankamen, hatte sich Franzi etwas gefasst. »Nein«, sagte sie, »ich werde weiter mit ihm Brahmslieder üben. Allerdings werde ich so tun, als hätte ich schon immer gewusst, dass Ben schwul ist, und mir niemals falsche Hoffnungen gemacht. Nicht, dass er sich auch noch über mich lustig macht! Am meisten ärgere ich mich nämlich über mich selbst, im Nachhinein wird mir sein freundliches, aber reichlich sprödes Verhalten erst klar. Das uralte Sprichwort stimmt: *Liebe macht blind!*«

»Warst du denn überhaupt verliebt? Ich hatte eher den Eindruck, dass du bloß Lust auf eine kleine Affäre hattest!«

»Er hat so eine wunderschöne Stimme«, jammerte Franzi und fing wieder an zu schluchzen. »Ich habe mich in seine Stimme verliebt, kannst du das nicht verstehen?«

Doch, ich konnte es nachempfinden. Überall auf der Welt werden Sänger angeschmachtet oder sogar vergöttert, ob in der Oper oder bei aktuellen Hits.

Schon in der Antike gelang es Orpheus, Götter, Menschen und sogar wilde Tiere mit seinem Gesang zu verzaubern, im Mittelalter waren es die Minnesänger und Troubadoure, die wussten, wie man eine Frau betört. Und heute kann jeder Popmusiker den weiblichen Teenagern das Herz brechen. Franziska war zwar nach außen hin eine gestandene und nüchterne Frau, andererseits mit einer bedürftigen Seele, die sich nach romantischen Liebesschwüren sehnte. Nur waren bei Franzis schwulem Chorfreund die wehmütigen *Herzgedanken* leider nicht bei ihr.

Plötzlich fiel mir ein, dass auch Andreas Haase eine wohlklingende Stimme hatte, die ihn aber trotzdem nicht sympathischer machte. Ich hielt aber lieber den Mund.

Kurz bevor wir vor der Haustür standen, gab sich Franzi einen Ruck und sagte: »Irgendwie habe ich doch nicht alles falsch gemacht, denn ich hatte immer das Gefühl, dass man bei Ben sehr behutsam vorgehen muss. Zum Glück habe ich ihn nicht überrumpelt und bin ihm um den Hals gefallen. Im Grunde brauche ich mich nicht zu schämen! Übermorgen wollen wir nämlich wieder proben, das werde ich auf keinen Fall absagen.«

»Und du brauchst auch keine Wut auf Eva zu haben, sie hat heute zwar etwas zu viel getankt, aber sie ist eigentlich keine bösartige Hexe. Sicher tut ihr die Taktlosigkeit bereits leid.«

Am nächsten Tag wurden wir beide von Heide angerufen, die offenbar ein schlechtes Gewissen hatte. Obwohl es ja eigentlich Eva gewesen war, die Franzi gedemütigt hatte, fühlte sich Heide wohl ebenfalls für den Tränenausbruch verantwortlich. Es sei sehr schade, dass der Abend so unerfreulich zu Ende gegangen sei, klagte sie, das solle nie wieder vorkommen, und sie plane eine klitzekleine, spannende und lustige Überraschung für die Klubmitglieder. Am kommenden Sonntagnachmittag könnten wir uns alle auf einen besonderen Spaziergang unter ihrer Führung freuen, dafür sollten wir festes Schuhwerk anziehen und eine Taschenlampe bereithalten. Jelena dürfe sogar ihre kleinen Söhne mitbringen. Mehr verriet sie nicht.

»Sicher wieder mal eine Schnapsidee. Ich werde unter einem Vorwand absagen«, schimpfte Franzi. »Eigentlich bin ich immer froh, wenn ich am Wochenende keine Termine habe. Im Übrigen kann mir der ganze Klub gestohlen bleiben!«

»Dann bleib ich auch hier«, sagte ich. »Obwohl ich gern wüsste, wozu man die Taschenlampen braucht. Um fünfzehn Uhr ist es schließlich noch nicht dunkel …«

»Und für läppische Pfadfinderspiele sind wir

ohnehin zu alt«, meinte Franzi. »Seit meiner Kindheit ist Verstecken im Dunkeln die reinste Horrorvorstellung für mich.«

Am kommenden Sonntag stellten wir uns aus purer Neugierde doch am vereinbarten Treffpunkt unterhalb der Weinheimer Burgen ein. Dort wurden wir von unseren Klubschwestern samt Jelenas Zwillingen bereits erwartet, und die Gruppe setzte sich unverzüglich in Bewegung. Eine Weile ging es immer nur den Burgweg hinauf, ohne dass wir das Ziel erraten konnten. Schließlich deutete unsere Anführerin auf ein unauffälliges eisernes Türchen, das in halber Höhe mitten in die Bergwand eingelassen war.

»Das muss aber unter uns bleiben! Biggest secret«, beschwor uns Heide geheimnisvoll und zog einen Schlüssel aus der Tasche. Auf ihre Bitte wurde sie von Eva ein wenig angehoben, damit sie die Tür aufschließen konnte. Eine nach der anderen kletterten wir hinauf und wussten nun endlich, wofür wir die Taschenlampen mitgenommen hatten. Zu unser aller Erstaunen befanden wir uns in einem schmalen unterirdischen Gang, in dem hochgewachsene Menschen nur in leicht gebückter Haltung vorankommen konnten. Von den steinernen Wänden tropfte es, der Boden war nass und schmutzig. Die zwei kleinen Buben reagierten zunächst etwas ängstlich, hielten sich am Hosenbund ihrer Mutter fest, leuchteten uns mit den Lämpchen ins Gesicht und fragten, ob hier ein Lindwurm hause.

»Keine Drachen, nur Zwerge, Wölfe und Vampire«, sagte Heide und erzählte, dass dieser Geheimgang früher mal aus der Burg Windeck hinausgeführt habe, damit man in Kriegszeiten oder bei Belagerung unbemerkt für Nachschub an Munition und Nahrungsmitteln oder sogar für militärische Verstärkung sorgen konnte. Auch Boten oder Spione konnten mit geheimen Nachrichten kommen und gehen, ohne vom Feind abgefangen zu werden.

»Natürlich bleibt dieser Zugang immer gut verschlossen«, erklärte Heide. »Es wäre viel zu gefährlich, wenn jeder Spaziergänger hier Zutritt hätte. Der Geheimgang endete früher am Fuße des Brunnenschachtes, aber aus Sicherheitsgründen wurde eine Trennwand gezogen.«

»Und warum hast ausgerechnet du den Schlüssel?«, fragte Corinna, die Expeditionen in fremdes Terrain ja liebte.

»Schließlich arbeite ich bei der Stadtverwaltung«, sagte Heide. »Ich weiß, wo Barthel den Most holt! Aber bitte großes Ehrenwort, dass ihr mich nicht verratet! Auch nicht unter Folter!«

»Was ist Folter?«, fragte eines der Kinder und bekam keine Antwort. Sein Bruder kündigte an: »Ich mach jetzt Pipi in das Dreckwasser!«

Im Grunde gefallen mir enge Höhlen, während ich eine riesige Grotte tunlichst meiden würde. Hier war ich fast in meinem Element, nämlich eingebettet in einem langgestreckten Schacht aus Gestein. Im Gänsemarsch liefen wir langsam und vorsichtig auf dem glitschigen Untergrund hintereinander her, ausrutschen und hinfallen wollte niemand. Angeführt wurden wir natürlich von Heide, das Ende der Schlange bildete Franzi, von der wir plötzlich einen verzweifelten Aufschrei vernahmen. Als ich mich umdrehte, sah ich sie am Boden liegen. Nun, wir waren nicht auf einer Betonstraße unterwegs, man sollte tunlichst aufpassen! Schade um ihren dunkelblauen Dufflecoat, war mein erster Gedanke.

»Hast du dir wehgetan?«, fragte ich und versuchte vergeblich, ihr aufzuhelfen.

»Ich muss hier raus!«, stöhnte Franzi, die zitterte und hyperventilierte. »Wenn jemand von außen das Türchen abschließt, sind wir verloren! Wir werden verhungern oder müssen uns gegenseitig auffressen ...«

Nun blieb auch unsere Anführerin Heide stehen und sah sich besorgt nach uns um, alle redeten wirr durcheinander. Corinna reagierte als Einzige schnell und besonnen.

»Ein typischer Anfall von Klaustrophobie«, sagte sie. »Nina, am besten, du gehst sofort mit ihr an die frische Luft und bringst sie nach Hause.«

Mit sanfter Gewalt zog ich Franzi in die Senkrechte und schob sie mit leichtem Druck dem Ausgang zu. Einerseits tat sie mir leid, andererseits wäre ich gern zum Abschluss des Ausflugs mit allen anderen in der Burgschenke eingekehrt. Später erfuhren wir, dass Heide für die beiden Kinder je einen winzigen Gartenzwerg und eine Wasserpistole im Geheimgang versteckt hatte, zum großen Jubel der Kleinen, wenn auch nicht gerade zu Jelenas Begeisterung. Alles in allem war man anscheinend auch ohne uns ganz vergnügt gewesen.

Auf dem Heimweg erzählte Franziska, die sich immer noch in einem exaltierten Zustand befand, warum sie nach einem traumatischen Erlebnis in ihrer Kindheit unter krankhafter Raumangst litt. Am achten Geburtstag ihres Bruders sei seine halbe Klasse zu Besuch gewesen, und die wilde Bande hätte im ganzen Haus Verstecken gespielt. Als jüngere Schwester wurde Franzi zwar von den Jungs geduldet, aber auch ganz gern ein bisschen gequält. Sie wollte unbedingt mitmachen und versteckte sich im Kleiderschrank ihrer Eltern. Alexander, ihr

Bruder, hatte das aber fast erwartet, schlich sich lautlos ins Elternschlafzimmer und schloss den Schrank ab. Erst als die Gäste fort waren und die Eltern ihre kleine Tochter vermissten, wurde die völlig verstörte Franzi gefunden. Sie wusste zwar nicht, wie lange sie eingesperrt gewesen war, aber ihrer Meinung nach waren es viele Stunden, was ihre Eltern später vehement bestritten. Seitdem könne sie keinen Lift betreten, und in ihrer Wohnung gebe es keine Zimmerschlüssel, selbst im Bad nicht, was mir bisher noch nie aufgefallen war. Zwar hatten wir innerhalb unseres Klubs gern über unsere Macken gesprochen, ja sogar ein bisschen damit angegeben, aber über ihre Ängste hatte Franzi bisher geschwiegen.

»Bei mir ist es genau umgekehrt«, sagte ich. »Wenn ich von dicken Mauern umgeben, von einer Decke fest umwickelt oder in einem engen Kämmerchen einquartiert bin, dann fühle ich mich geborgen und beschützt. Deswegen ist mir meine kleine Dachwohnung mit den schiefen Wänden gerade recht, während du zum Glück ja etwas mehr Raum zur Verfügung hast.«

Franzi hatte sich nun zum zweiten Mal als emotional verletzlich gezeigt, und sie wuchs mir mehr und mehr ans Herz. Ihre Kalauer, ihre Coolness und Kaltschnäuzigkeit waren nur Fassade, dahinter verbarg sich ein kleines ängstliches Mädchen. Und in diesem Punkt waren wir uns durchaus ähnlich. An jenem Sonntag wollte sie nach dem misslungenen Ausflug lieber allein bleiben, und ich war es für kurze Zeit schließlich auch.

Es war Yves, der sich bei mir einstellte, *Das Goldene Familienbuch* in der ausgestreckten Hand.

»Du hast mich mal mit *Wolf* angeredet«, begann er. »Daran musste ich denken, als ich gerade einen seltsamen Artikel über Rattenwölfe entdeckte. Diese absurdité muss ich dir unbedingt vorlesen! Oder passt es dir jetzt nicht?«

Er schien so fasziniert von seinem antiken Ratgeber zu sein, dass ich ihn nicht stoppen wollte.

Mehrere Ratten werden ohne Fressen in einen drähternen Käfig gesetzt; der Hunger treibt sie, dass sie erst eine Ratte verzehren, dann wieder eine und so fort, bis sie alle gefressen haben; die übrig gebliebene wird der Rattenwolf. Sie ist das Fleischfressen so gewöhnt, dass sie, wenn man sie laufen lässt, unter den übrigen Hausgenossen gleiches Handwerk anfängt. Und da diese dergleichen Betragen von ihren Artgenossen nicht gewohnt sind, so nehmen sie die Flucht und verlassen das Haus.

»Gut, dass Franzi nicht hier ist, ich glaube, sie graust sich vor Kannibalismus. Doch zum Glück gibt es ja keine Nager in unserem Haus, und wir brauchen uns keine Rattenwölfe zu züchten«, sagte ich. »Merkwürdigerweise hat mir deine scheußliche Story aber Hunger gemacht, allerdings nicht auf Artgenossen. Wenn Franzi nicht gestreikt hätte, säße ich jetzt mit meinen Freundinnen in der Burgschenke und ließe mich bedienen. Sollen wir vielleicht gemeinsam etwas kochen?«

Ungläubig sah er mich an. »Dein Ernst?«

Schließlich standen wir in meiner kleinen Küche, schälten Kartoffeln und Zwiebeln, schnitten Speck in kleine Würfel, gaben alles mit vier Eiern in die Pfanne und verzehrten unser Bauernfrühstück mit großem Wohlbehagen.

»So etwas Deliziöses habe ich schon lange nicht mehr gegessen«, sagte Yves und gab zu, dass er sich trotz anderer Grundsätze weitgehend von Fastfood ernährte. Meinerseits verschwieg ich, dass ich da auch ein schlechtes Gewissen hatte.

13
Tee-Stunde

Wer mag schon den Montag! Nur meine Mutter liebte ihn, weil dann Mann und Kinder endlich das Haus verließen. Ich nehme mir immer vor, am Wochenende noch dies und das zu erledigen, zum Beispiel aufzuräumen. Aber oft genug wird nichts daraus, und der Montag beginnt mit einem schlechten Gewissen.

Am Morgen nach der missglückten Höhlenwanderung stand ich vor dem Garderobenspiegel, um mich noch etwas zu verschönern. In einer Apotheke sollten die Angestellten keinen aufgedonnerten, sondern einen dezent geschminkten und gepflegten Eindruck machen, nicht zuletzt als Beweis hauseigener dermatologischer Produkte. Zu meinem Befremden lag *Das Goldene Familienbuch* auf der kleinen Flurkommode, eine Seite war aufgeschlagen, und das Stichwort *Schminke* war rot markiert. Bevor er sich gestern Abend verabschiedet hatte, wollte Yves mir wohl noch einen kleinen Streich spielen; ich las seine Botschaft und musste grinsen.

*Alles Schminken ist als eine Unwahrheit, oft
auch wegen der Schädlichkeit, zu verwerfen.
Wer aber auf Schminken durchaus nicht verzichten kann, der wähle wenigstens unschädli-
che Schminke. Die Einzige, die unschädlich ist,
besteht aus pulverisiertem Meerschaum oder
kohlensaurer Magnesia. Die unschädlichste ro-
the Schminke ist das sogenannte Rosenpulver,
welches aus dem feinsten Reismehl besteht, das
mit Karmin gefärbt und durch Rosen- und
Sandelholzöl verfeinert wird. Aber auch die
harmlosesten Schminken sind für die Haut
nachtheilig. Noch einmal: Alles Schminken ist
verwerflich.*

Wollte mir Yves damit zu verstehen geben, dass ich
mich zu viel oder zu wenig anmalte oder dass er wie
unsere züchtigen Vorfahren jegliches Make-up für
verwerflich hielt? Nun, es war ihm wahrscheinlich
völlig egal, in welcher Aufmachung ich daherkam,
er war eher in die skurrilen Ratschläge aus Omas
Mottenkiste vernarrt. Trotzdem – er ließ mich an
seinen wunderlichen Liebhabereien ein wenig teilnehmen, das sollte ich nicht negativ beurteilen.
Jetzt, wo er sein eigenes Erscheinungsbild verbes-
sert und sich zu einem interessanten und freundlichen Kumpel gemausert hatte, begann ich, ihn

mehr und mehr ins Herz zu schließen. Allerdings sendete er seinerseits keine Signale, dass er mich für eine begehrenswerte Frau hielt. War ich am Ende genauso blind wie Franzi? Beim gemeinsamen Essen hatte Yves bedauert, dass der Vermieter keine Haustiere erlaube, er hätte sich schon als Kind eine getigerte Schmusekatze gewünscht. Ich stellte mir vor, wie er einen Stubentiger kraulte, und wurde fast neidisch. So, wie sich Franzi in einen sonoren Bariton verliebt hatte, so erging es mir mit wohlgeformten Männerhänden. Bei der profanen Tätigkeit des Zwiebelschneidens, die mein Nachbar mit einer gewissen Hingabe verrichtet hatte, fiel es mir schwer, meinen Blick von seinen emsigen Händen abzuwenden. An anheimelnden Küchenszenen konnte ich mich sowieso nicht sattsehen. Aber war es nicht ein geläufiges Klischee, wenn man sich von einer Stimme oder Händen erotisieren ließ? Wie war es bei den Männern? Waren unsere optischen Reize, also pralle Busen und knackige Hintern oder zierliche Füße, der ausschlaggebende Impuls? Waren unser Charakter, unser Geist und Witz, unser Temperament, unsere Liebenswürdigkeit, unser Humor nur sekundär? Ich wollte es einfach nicht glauben, denn ein unsympathischer Mann wie Andreas Haase konnte auch mit warmer Stimme und feingliedrigen Händen kaum punkten.

Mit seiner verzopften Schminkwarnung hatte Yves mir den grauen Montagmorgen ein wenig aufgehellt. Ich hatte allerdings bis zum Feierabend keine Zeit, sehnsüchtigen Gedanken nachzuhängen, sondern war pausenlos im Einsatz. Der Spätherbst war Grippezeit. Wie so oft waren am Wochenende viele Kunden krank geworden, ließen Medikamente abholen oder erschienen hustend und schniefend höchstpersönlich im Laden. Der Montag wurde also wieder einmal besonders anstrengend, auch weil eine Kollegin sich angesteckt hatte und ausfiel.

Es nieselte, war ungemütlich kalt und längst dunkel, als ich gegen sieben Uhr heimkam und die Haustür aufschloss. Der im Sommer so belebte Marktplatz war jetzt menschenleer. Wahrscheinlich war ich zu müde und unaufmerksam, um den Schatten an der Hauswand zu entdecken. Ohne dass ich es verhindern konnte, drängelte sich gleichzeitig mit mir ein Mensch ins Haus. Es dauerte nur eine Schrecksekunde, bis ich wusste, wer es war. Etwas Spitzes bohrte sich in meinen Rücken – ob es bloß ein Zeigefinger, ein Kugelschreiber oder gar ein Messer oder eine Pistole war, konnte ich durch meinen dicken Mantel nicht erspüren.

»Du gehst jetzt ganz ruhig und leise vor mir die Treppe hinauf«, befahl Andreas Haase. »Und wenn wir oben in deiner Wohnung sind, bekommst du immerhin noch die Gelegenheit, dich für deine Hinterhältigkeit zu rechtfertigen.«

Drohte er mit Folter oder Exekution? Mir blieb nichts anderes übrig, als zu gehorchen, aber in meinem Kopf brodelte ein Vulkan. Was stand mir bevor? Fieberhaft überlegte ich, wie ich Hilfe holen oder entkommen konnte. Tatsächlich aber stieg ich tapfer und wortlos die vielen Treppen hoch.

Erst als wir mein Wohnzimmer betraten, ließ Andreas Haase meinen Rücken los und zog seinen durchnässten Parka aus. Mit Erleichterung registrierte ich, dass er keine Waffe in der Hand hielt. Dann ließ er sich auf das Sofa fallen, und ich wagte jetzt auch, meinen Mantel auszuziehen. Meinen Henker ließ ich dabei nicht aus den Augen.

Haase rieb sich die klammen Hände, seufzte tief auf und begann, mich anzuklagen: »Du musst es gewesen sein, die der Polizei einen Hinweis gegeben hat! Dabei hatte ich dein Ehrenwort, dass du keinen Kontakt mit der Kripo aufnehmen würdest. Meinerseits habe ich mein Versprechen gehalten und bin nie wieder hier aufgetaucht. Jetzt haben mich die Bullen im Visier, und für mich ist sonnenklar, woher sie ihre Information haben.«

»Ich habe nichts damit zu tun«, sagte ich und wurde krebsrot, denn inzwischen wusste ich ja längst von Franzis anonymem Brief.

Andreas Haase lachte verächtlich. »Ich schätze mal, dass du zu feige für eine persönliche Aussage auf dem Präsidium warst und es irgendwie anders getrickst hast. Außer dir und deiner Freundin wusste niemand, dass ich zur Tatzeit in Weinheim war.«

»Wieso sind Sie sich da so sicher?«, fragte ich.

»Es gibt sicher noch weitere Zeugen, die Sie gesehen haben, zum Beispiel mein Nachbar, der Ihnen nach dem Sturz wieder auf die Beine geholfen hat. Aber egal, ich habe mich jedenfalls an unsere Abmachung gehalten.«

Andreas Haase schüttelte den Kopf. »Das nehme ich dir nicht ab. Außerdem habe ich mich wegen dir jetzt auch noch erkältet, eine Ewigkeit habe ich in Kälte und Nässe draußen gewartet. Kommst du immer so spät nach Hause? Ich brauche jetzt einen heißen Grog, sonst werde ich noch krank!«

»Ich habe keinen Alkohol im Haus und für Sie schon gar nicht. Aber ich könnte Ihnen einen Kräutertee machen, der wäre in Ihrem Fall sowieso besser ...«

Mein Angebot war allerdings kein versöhnlicher Vorschlag für einen kurzen Waffenstillstand und schon gar keine karitative Gefühlsaufwallung, sondern eine Kriegslist. Mein Gast nickte matt, und ich huschte in die Küche. Im Vorbeilaufen schnappte ich mir noch meine Handtasche, in der das Handy steckte.

Zum Glück war Franzi zu Hause.

»Mayday, mayday! Der Hase ist hier aufgetaucht, ich mache ihm gerade einen Tee, um Zeit zu schinden. Noch ist er einigermaßen friedlich, aber er will sich sicher rächen. Ich brauche dringend Verstärkung! Komm bitte sofort nach oben und sag Yves Bescheid, damit er dich begleitet. Ich lasse die Tür für euch offen!«

Schon war ich wieder im Wohnzimmer und spielte die höfliche Gastgeberin: »Das Wasser ist aufgesetzt und wird gleich kochen. Mögen Sie lieber Kamille, Salbei oder eine spezielle Kräutermischung aus der Apotheke?«

»Mach, was du für richtig hältst«, knurrte er und tupfte sich mit einem Taschentuch den Nacken ab.

»Okay«, sagte ich. »Sie kriegen einen erprobten Erkältungstee, der bereits vorbeugend hilft.«

Als ich in die Küche zurückkam, standen dort schon Franzi und Yves und unterhielten sich flüsternd. Was überhaupt los sei, wollten sie wissen. Ich setzte sie kurz in Kenntnis, auch dass ich von Franzis Brief natürlich nichts verraten hatte. »Aber er glaubt mir nicht«, sagte ich. »Die Polizei hat ihn jetzt auf dem Kieker, aber sie konnten ihm bisher wohl nicht nachweisen, dass er an jenem Abend überhaupt in Weinheim war. Wohl oder übel mussten sie ihn vorläufig laufen lassen.«

Yves hatte aufmerksam zugehört. »Ist er wieder besoffen?«, fragte er. Ich schüttelte den Kopf und versicherte, er bekäme von mir gleich einen Tee und auf keinen Fall einen Schnaps.

»Dann geh ich mal zu ihm«, schlug Yves vor. »Auf euch beide ist er nicht gut zu sprechen, aber ich bin sozusagen neutral und kann ihn hoffentlich beruhigen.«

Furchtlos verließ uns mein Held und gesellte sich zu Andreas Haase. Wir öffneten die Tür einen Spalt und lauschten.

»Guten Abend, Herr Haase«, sagte Yves zuvorkommend. »Erinnern Sie sich noch an mich? Ich bin ein Freund von Nina.«

Das hörte ich gern. Andreas Haase schien ihn tatsächlich zu erkennen. »Ich weiß, du warst es, der mir geholfen hat, als mich diese hinterhältigen Weiber die Treppe hinuntergestürzt haben!«

»Sie waren damals völlig neben der Spur, totalement bourré, auf gut Deutsch sturzbetrunken und auf gut weinheimerisch en stechgranadevolle Saufkobb«, sagte Yves. »Und jetzt haben Sie anscheinend ein Problem! Wie ich erfahren habe, ist in jener Nacht ein Mensch ums Leben gekommen, und Sie werden verdächtigt, etwas damit zu tun zu haben.«

Mit heiserer Stimme bestritt Andreas Haase, ein Mörder zu sein, und sprach von einem Unfall.

»Dann verstehe ich Sie nicht«, sagte Yves. »Sie haben doch gar nichts zu befürchten, wenn Sie den Polizisten einfach die Wahrheit erzählen. Mit Sicherheit kommen Sie mit einem blauen Auge davon.«

»Aber ich kann mich leider nicht mehr so genau erinnern«, klagte der Hase. »Vielleicht war ich wirklich aggressiv, ich weiß es nicht mehr. Man wird mir jetzt alles Mögliche in die Schuhe schieben, weil ich das Gegenteil nicht beweisen kann. Aber ich bin mir sicher, dass mich diese zwei Hexen denunziert haben!«

»Und – was schlagen Sie vor? Wie könnte man die Situation entschärfen?«

Keine Antwort. Anscheinend versank Andreas Haase ins Grübeln und wusste keine Lösung.

Inzwischen holte ich eine Packung Kräutertee aus dem Schrank, schüttete eine großzügige Portion in eine Kanne und goss kochendes Wasser auf. In mir kochte es aber auch.

»Weißt du was«, fuhr ich Franzi an, »eigentlich bist du schuld an seiner Wut! Mit deinem blöden

Brief hast du uns die ganze Scheiße eingebrockt. Jetzt lass dir gefälligst etwas einfallen, um ihn zu besänftigen! Als er mich im dunklen Treppenhaus überfallen hat, bin ich vor Todesangst fast gestorben!«

»Sorry«, sagte Franzi. »Ich werde dafür sorgen, dass es nicht wieder vorkommt.«

Während ich eine Tasse aus dem Regal nahm und samt Teesieb, Löffel, Honig und Zuckerdose auf ein Tablett stellte, ging Franzi ans Fensterbrett und murmelte die lateinischen Namen der Topfblumen. Ich hatte die sorgfältige Beschriftung der Staudengärtnerei bisher nicht entfernt.

»Welches von deinen hässlichen Gewächsen ist am giftigsten?«, fragte sie.

»Sicherlich der Eisenhut, Aconitum napellus«, sagte ich. »Und zwar alle Teile der Pflanze, aber meine anderen Lieblinge sind auch nicht gerade von Pappe.«

Bevor ich sie davon abhalten konnte, hatte Franzi eine Handvoll Blätter abgerupft und wollte sie mit Hilfe eines Holzlöffels auf den Grund der Kanne befördern.

»Nein!«, protestierte ich.

»Doch!«, sagte sie, und ich war nicht energisch genug, um es zu verhindern. Eine Weile standen wir beide wortlos vor dem Küchentisch, denn der

Tee musste schließlich eine Weile ziehen. Noch hätte ich eingreifen und die dunkle Flüssigkeit in den Ausguss schütten können. Aber ich starrte nur wie paralysiert auf den Taufbecher, den ich unbedingt noch schnell verstecken sollte.

Natürlich war es Franzi, die die Wartezeit nicht länger ertrug. Nach fünf Minuten ergriff sie wie eine zornige Erinnye das Tablett und trug es erhobenen Hauptes ins Wohnzimmer, ich schlich hinterher wie ein begossener Pudel. Allerdings änderte sich Franzis Physiognomie schlagartig, als sie bei Andreas Haase ankam. Kaum hatte sie das Tablett auf dem Couchtisch abgestellt, als sie die Miene einer reumütigen Büßerin aufsetzte; selbst ihre kräftige Stimme wurde leise und weinerlich.

»Es ist unfair, wenn Sie Nina verdächtigen. Ich war es, die der Polizei einen anonymen Wink gegeben hat. Das tut mir leid, aber man kann es leider nicht mehr ändern.«

Der Hase starrte sie an wie ein Gespenst. »Nina ist also unschuldig?«, fragte er. »Okay, dann braucht sie den Schaden auch nicht auszubügeln. Und da gibt es eigentlich nur eine Möglichkeit: Du rufst bei der Kripo an und versicherst glaubhaft, dass du gelogen hast!«

Franzi nickte artig. »Das werde ich machen, allerdings anonym – wie gehabt.«

Yves sah sich wohl in der Rolle des Mediators, setzte sich neben den fröstelnden Hasen, griff nach der Kanne und goss die Spezialmischung durch das Sieb in die Tasse.

»Riecht ja sehr gesund«, stellte er schnuppernd fest. »Könnte ich bitte einen kleinen Becher haben, damit wir unter Männern auf einen Friedensvertrag anstoßen!«

In der Not reagiert man oft erstaunlich schnell und geistesgegenwärtig. Ich nickte also und lief zurück in die Küche. Auf keinen Fall durfte Yves auch nur einen winzigen Schluck von Franzis Hexengebräu probieren. Zum Glück war noch genug heißes Wasser im Schnellkocher. Ich gab einen Beutel Kamillenblüten in einen großen Becher, goss Wasser auf und brachte meinem netten Nachbarn den harmlosen Drink. Yves stutzte, zog die Brauen hoch und wollte etwas fragen, wurde aber von der cleveren Franzi abgelenkt.

»Hätten Sie gern einen kleinen Schuss Rum in Ihren Tee?«, fragte sie ihr Opfer, der endlich einen ersten großen Schluck aus seiner Tasse trank. »Nina kann leider nicht damit dienen, aber ich könnte ein Fläschchen aus meiner Wohnung holen …«

Yves wollte wieder etwas sagen und wahrscheinlich Einspruch erheben, aber Andreas Haase kam ihm zuvor: »Sehr gern, denn euer Druidentrank ist die reinste Rosskur, man kriegt ihn kaum runter. Mit ein bisschen Rum wird das Gesöff vielleicht genießbar ...«

Franzi verschwand, Yves trank einen Schluck Kamillentee und meinte: »Schmeckt doch gar nicht mal so übel, aber mein Matcha ist mir lieber – à vrai dire!«

Natürlich besaß Franzi einen gewissen Vorrat an Rot- und Weißwein, aber keine Spirituosen oder gar eine Buddel mit Rum. Immerhin fand sie bei den Backzutaten drei Aroma-Fläschchen mit Arrak. Den Inhalt von Nummer eins kippte sie komplett in die Teetasse und beobachtete gespannt, wie Andreas Haase sie in einem Zug leerte.

»So schmeckt das Teufelszeug schon besser, aber gegen das Kältegefühl nützt es rein gar nichts, es wird fast unerträglich«, sagte der Ahnungslose und bediente sich mit einer weiteren Tasse Tee und dem zweiten Fläschchen.

»Ich befürchte, mit dieser Methode machen Sie die Heilkraft des Kräutertees wieder zunichte«, meinte Yves kopfschüttelnd. Und zu mir sagte er leise: »Das war keine gute Idee ...«

Zufrieden registrierte Franzi jeden weiteren Schluck, den Andreas Haase nahm. Nach einem abgrundtiefen Schnaufer traten jetzt kalte Schweißperlen auf seine Stirn. Offensichtlich wurde ihm schwindelig, er sank tiefer in die Kissen und sagte: »Ich muss mich jetzt ein wenig hinlegen, irgendwie ist mir ganz flau. Es kommt mir fast so vor, als hättet ihr mich mit eurer Brühe erst richtig krank gemacht!«

Yves zog mich beiseite und machte ein besorgtes Gesicht. »Er müsste schleunigst nach Hause gebracht werden, denn er scheint sich ernsthaft erkältet zu haben. Oder soll er etwa auf deiner Chaiselongue übernachten?«

»Auf keinen Fall«, sagte ich. »Am Ende kotzt er mir noch die Bude voll. Aber ich werde ihn bestimmt nicht bis nach Mannheim chauffieren …«

»Dann muss ich es wohl übernehmen«, sagte Yves. »Das Problem ist nur, dass ich keinen Wagen besitze. Aber vielleicht …?«

Er sah mich fragend an, ich nickte und übergab ihm die Autoschlüssel. Yves ging nach nebenan, um Jacke, Führerschein und Brille zu holen. Anschließend bemühten wir uns gemeinsam, den kranken Hasen hochzuhieven und ihm seinen feuchten Parka überzuziehen. Franzi stand tatenlos daneben. Schließlich begleitete ich Yves und den schwankenden Patienten bis zum Parkplatz. Dort krabbelte er immerhin ohne unsere Hilfe in den Fond, wo er sich zusammenrollte. Yves setzte die Brille auf und fuhr zügig los. Ich schaute meinem Wagen nach, bis er nicht mehr zu sehen war, und lief endlich mit schlechtem Gewissen ins Haus zurück.

Franzi hatte inzwischen aufgeräumt. Den Tee habe sie ins Klo gekippt, sagte sie, und die Kanne gründlich ausgespült. Es interessierte mich nicht, denn mich plagten Gewissensbisse.

»Und wenn er unterwegs stirbt und der arme Yves beim Aussteigen eine Leiche auf der Rückbank entdeckt?«, fragte ich.

»Umso besser. Nur ein toter Hase ist ein guter Hase«, witzelte Franzi. »Und wir sollten froh sein, weil er dann keine armen Obdachlosen mehr umbringen kann.« Sie überlegte einen Moment und überraschte mich ausnahmsweise nicht mit einem Kalauer, sondern mit einem unpassenden Zitat: »*Die erste Vorbedingung für Unsterblichkeit ist das Sterben!* Gibt es nicht ein Sternbild namens Lepus? Wäre doch nett, wenn unser Hase sich da oben auf seinem eigenen Stern ansiedelt. – Übrigens tun mir die Pfoten weh, schau doch mal! Ein Ausschlag an den Fingern!«

»Das kommt bestimmt vom Aconitin«, sagte ich. »Du hast meinen armen Eisenhut ja ganz schön geplündert. Strafe muss sein.«

Plötzlich fing Franzi an zu zittern. »Auf einmal krieg ich totales Muffensausen! Am Ende geht alles in die Hose, und man kommt mir auf die Schliche!

Vielleicht geht es dem Hasen während der Fahrt immer schlechter, so dass Yves ihn in ein Krankenhaus einliefert! Oder Yves überredet ihn dazu, den Notarzt anzurufen!«

»Das hättest du vorher bedenken müssen«, sagte ich. »Aber wahrscheinlich wird Yves später noch mal hier vorbeikommen, um mir die Autoschlüssel zurückzugeben. Dann werden wir ja hören …«

14
Gewissensbisse

Franziska blieb noch bei mir, bis Yves zurückkam. Ohne lange zu fackeln, setzte sie sich an meinen Laptop und recherchierte zur Toxikologie des Eisenhuts. »Das Gift kann sogar durch die unverletzte Haut resorbiert werden«, rief sie aufgeregt, hob demonstrativ ihre lädierte Hand und las weiter: »*Der Tod tritt je nach Giftmenge in einer halben Stunde oder innerhalb von drei Stunden durch Atemlähmung oder Herzversagen ein. Das Bewusstsein bleibt bis zuletzt erhalten.* Ob ich am Ende selbst sterben muss? Und ob es den Hasen in den nächsten drei Stunden wirklich erwischt?«

»Keine Ahnung«, sagte ich. »Bei dir wird es bei einer leichten Reaktion bleiben, da brauchst du dir keine Sorgen zu machen. Du hättest dir sofort die Pfoten waschen müssen! Wenn du magst, kannst du es mit Hydrocortison-Creme versuchen, es müsste noch eine kleine Tube im Bad liegen. Und beim Tee kann ich nicht beurteilen, welche Wirkung so ein paar Blätter haben, außerdem kann es ja sein, dass sich der Hase bereits übergeben hat, bevor das Aconitin überhaupt schaden konnte.«

Doch Franzi plagten auf einmal Horrorvorstellungen, vielleicht sogar Gewissensbisse. »Wahrscheinlich haben wir allzu spontan und unüberlegt gehandelt. Wenn der Hase nun auf der Stelle tot umgefallen wäre, dann hätten wir jetzt eine Leiche in deiner Wohnung! Wie und wo könnten wir den Toten diskret entsorgen? Vielleicht in diesem schrecklichen Geheimgang? Aber dafür müssten wir erst einmal den Schlüssel für die Metallklappe organisieren! Ich könnte aber wegen meiner Klaustrophobie diesen finsteren Ort leider nicht betreten, du müsstest die Leiche also allein herumschleppen …«

»Hör bloß auf!«, sagte ich, denn mir gefielen diese zwar theoretischen, doch höchst morbiden Gespräche überhaupt nicht. Außerdem hatte ich viel konkretere Ängste, die ich aber lieber verschwieg. Insgeheim malte ich mir nämlich in düsteren Farben aus, was uns demnächst bevorstand. Etwa so: Der Hase wurde von einem Arzt ins Krankenhaus überwiesen, wo man eine Vergiftung feststellte. Dort wurde er befragt, was er zuletzt zu sich genommen hatte, und man untersuchte natürlich seine Blutwerte und vielleicht sogar den Mageninhalt. Über kurz oder lang wurden wir als

Giftmischerinnen entlarvt und kamen vor Gericht. Höchststrafe! Lebenslänglich!

Bei derart quälenden Gedanken war ich dankbar für jegliche Ablenkung und heilfroh, als sich Yves nach einer knappen Stunde zurückmeldete.

Mit der runden Brille auf der Nase wirkte mein Held sehr seriös. Nachdem ein Frisör ganze Arbeit geleistet hatte, kam mir Yves' Gesicht schmaler und schärfer vor, mit Brille aber etwa so, wie ich mir einen französischen Intellektuellen vorstellte. Leider brauchte er die Sehhilfe nur für die Ferne, zum Beispiel beim Autofahren, und nicht ständig. Als er sie abnahm, sah sein edles Antlitz fast etwas schutzlos aus.

Natürlich wollten Franzi und ich auf der Stelle wissen, wie der Transport geklappt hatte.

»Es fing gar nicht gut an! Hélas! Wegen der ekelerregenden Geräusche auf dem Rücksitz befürchtete ich schon, er würde sich in deinem Auto übergeben«, erzählte Yves. »Aber zum Glück blieb es beim erfolglosen Würgen, und er wird wohl erst zu Hause ins eigene Klo gereihert haben. Als wir in Mannheim ankamen, ging es ihm schon etwas besser. Direkt vor seinem Haus darf man eigentlich nicht parken, ich bin aber trotzdem ausgestiegen und habe ihm geholfen. Er wollte aber ohne Unterstützung zur Haustür gehen und hat es abgelehnt, dass ich ihn die Treppe hinauf bis zu seiner Wohnung begleite. Außerdem hat er versichert, dass er noch nie im Leben einen Arzt gebraucht hätte, sondern immer durch ausgiebigen Schlaf wieder gesund würde. Ich bin mir fast sicher, dass er für heute genug hat und sich nicht mehr die Kante gibt. Und selbst wenn es keine Erkältung, sondern eine echte Grippe ist, wird er in einer Woche wieder fit sein. Also: Entwarnung! Wir können uns beruhigt und mit gutem Gewissen auch aufs Ohr legen!«

»Das lasse ich mir nicht zweimal sagen«, murmelte Franzi. »Nighty-night, ihr beiden!«

Ich bezweifelte zwar, dass Franzis Gewissen ein gutes Ruhekissen abgab, aber ich verkniff mir eine Bemerkung. Und Yves ahnte schließlich nichts von unserer sehr speziellen Tee-Zeremonie. Zu meiner Enttäuschung stand er kurz darauf auf, um sich ebenfalls zu verabschieden.

»Vergiss nicht, deinen Goldschatz wieder mitzunehmen«, sagte ich und überreichte ihm sein geliebtes Familienbuch. »Ich habe endlich begriffen, dass Schminken verwerflich ist!«

»Das war doch nur ein Späßchen«, sagte er. »Mal sehen, was man gegen eine Influenza empfiehlt.« Und schon saß er wieder auf meinem Sofa, blätterte in seinem fleckigen Ratgeber und wurde auch bald fündig.

»Ihr habt alles richtig gemacht«, stellte er fest. »Hier steht:

Unmittelbar nach einer Erkältung wirkt bei sonst gesunden Personen ein Glas Punsch in einem Aufguß aus vermischtem grünen und schwarzen chinesischen Thee mit Zucker und Milch, auch wohl einem kleinen Zusatz von Rum, sehr wohlthätig, indem mit einem Gefühl von Erwärmung und durch Wiederherstellung der unterdrückten Hautthätigkeit, Übelbefinden und Mattigkeit bald verschwinden. –

Übrigens, warum hattest du extra für mich einen neuen Tee aufgebrüht? Ich wollte dich eigentlich sofort danach fragen, denn das wäre wirklich nicht nötig gewesen. War etwa für zwei Personen zu wenig in der Kanne? Dabei kommt mir ein wunderbarer englischer Spruch in den Sinn: *You can never get a cup of tea large enough or a book long enough to suit me.*«

»Die Kräutermischung aus der Apotheke wollte ich dir nicht zumuten«, sagte ich. »Die schmeckt nämlich abscheulich. Apropos schmecken – ich bin noch gar nicht dazu gekommen, heute Abend etwas zu essen! Und mein Kühlschrank ist leider ziemlich leer. Wie ist es mit dir? Sollen wir uns eine Pizza bestellen?«

»Im Gegensatz zu dir habe ich schon zwei gebutterte Laugenwecke verputzt«, sagte Yves. »Wenn du möchtest, schau ich mal nach, ob bei mir noch etwas Essbares zu finden ist, d'accord?«

Mir fiel leider kein englischer oder gar französischer Spruch, sondern nur einer meiner Chefin ein: *Sinn die Weck weg? Ja, die sinn all all.* Aber ich freute mich, als Yves kurz verschwand und mit einer gefrorenen Brezel zurückkam.

»Die müsste allerdings noch aufgebacken werden«, sagte er.

Während sich der Herd aufheizte, saßen wir schweigend auf der harten Küchenbank und warteten auf die richtige Temperatur des Backofens. Während Yves auf das Thermometer starrte, konnte ich leider meinen Blick nicht von der Fensterbank mit den Giftpflanzen lösen. In dieser irgendwie traulichen Situation hatte ich plötzlich das starke Bedürfnis, meinem Nachbarn unsere böse Tat zu gestehen und getröstet zu werden. Doch Yves war kein Beichtvater, der mir die Absolution erteilen konnte, und abgesehen davon war es viel zu gefährlich, einen Mitwisser zu haben. Und schon musste ich wieder grübeln und leiden. Falls Andreas Haase in dieser Nacht starb, hatten Franzi und ich ihn auf dem Gewissen. Zwar war meine Freundin die eigentliche Verbrecherin, doch ich hatte sie nicht an der Umsetzung ihres heimtückischen Vorhabens gehindert. Und warum waren wir beide eigentlich so fest davon überzeugt gewesen, aus purer Notwehr zu handeln? Im Grunde hatte sich der Hase doch gar nicht mehr aggressiv verhalten, als Franzi und Yves auftauchten.

In meiner Verzweiflung, vielleicht auch aus Hunger, fiel ich meinem wackeren Helfer plötzlich weinend um den Hals. Er reagierte ebenso überrascht wie linkisch, legte den Arm um meine Schulter und zog mich zaghaft an seine Brust. Ein leichter Geruch nach Knoblauch stieg mir in die Nase.

»Das war wohl alles zu viel für dich, noch dazu auf leeren Magen«, sagte er. »Du bist eben hochsensibel, das ist ja im Grunde etwas Positives. Oh, ich glaube, dein dîner ist jetzt aufgetaut …«

Und schon befreite er sich aus meiner Umklammerung, stand auf und angelte die heiße Laugenbrezel mit spitzen Fingern aus dem Backofen.

»Butter oder Nutella?«, fragte er und öffnete den Kühlschrank.

»Ohne alles«, schluchzte ich. »Wie soll ich es nur wiedergutmachen, dass du mich vom Hungertod gerettet und vom Todfeind befreit hast! Für mich bist du ein richtiger Held!«

Yves lächelte geschmeichelt, meinte aber bescheiden: »Dein Held hatte zwar keine Angst vor einem erkälteten Alki, aber vorm Autofahren. Du kannst nicht wissen, dass ich seit langem völlig aus der Übung bin. Heute weiß jedes Kind, wie man mit einem Navi umgeht, nur ich nicht. Zum Glück kenne ich mich in Mannheim einigermaßen aus, aber ich hatte wirklich Muffensausen. Na ja, es hat schließlich alles ganz gut geklappt, nur auf der Rückfahrt leuchtete irgend so ein Warnlämpchen auf. Also wenn du mir auch mal einen Gefallen tun magst, dann wüsste ich schon …«

Natürlich war ich Feuer und Flamme, meinen Nachbarn beim nächsten Großeinkauf mitzunehmen. Wir hatten beide keine nennenswerten Vorräte mehr gebunkert, und ich sah ein, dass er es mit Fahrrad und Rucksack nicht ganz so bequem hatte wie ich mit dem Auto.

Als ich endlich in die warme Brezel biss, fühlte ich mich zusehends besser. Dabei erwog ich nur kurz, ob ich nicht das überempfindliche kleine Mädchen spielen sollte, das sich fürchtet, in dieser Nacht allein zu bleiben. Einerseits war ich zwar überdreht und äußerst liebesbedürftig, andererseits aber todmüde und brauchte Ruhe. Ich sehnte mich nach meinem strammen Kokon, den mir selbst der zärtlichste Liebhaber nicht ersetzen konnte.

»Darf ich dir denn noch einen Tee machen? Oder ein frugales Naschwerk anbieten?«, fragte Yves, zog einen Hustenbonbon aus der Hosentasche und wollte ihn schon vom grünlichen Einwickelpapier befreien, aber ich schüttelte den Kopf.

»Ich möchte jetzt nur noch schlafen«, sagte ich. »Morgen muss ich früh aufstehen, eine Kollegin ist krank, und ich soll die Auslieferungsfahrten für sie übernehmen; es gibt also viel zu tun. Danke für alles.«

Yves nickte freundlich, griff sich seinen Familienratgeber und ging – leider ohne Gutenachtkuss.

Wenn man es gerade nicht brauchen kann, dann kommt es immer besonders heftig. Der nächste Morgen fing schon böse an, weil mein Wagen streikte. Erst nach ein paar Schrecksekunden stellte ich fest, dass der Benzinanzeiger auf null stand. Yves hätte gestern unbedingt noch tanken müssen, aber in der Aufregung hatte ich natürlich nicht daran gedacht. Immerhin half mir ein freundlicher Anwohner mit seinem Reservekanister aus. Trotzdem kam ich etwas zu spät zur Arbeit.

In der Apotheke hockte eine dicke alte Frau auf einem Rollator und strickte an einem pinkfarbenen Schal aus Angorawolle. Gekleidet war sie in Jogpants und einen billigen schwarzen Hoody, während sie ihre Hände durch rot lackierte Fingernägel und protzige Goldringe auffällig betont hatte. Meine Kollegin flüsterte mir zu, die gehbehinderte Fremde würde auf einen Abholer warten, da sie den Bus verpasst hätte.

Mir kam die Frau von vornherein verdächtig vor, aber irgendwie auch interessant. Warum blieb sie nicht einfach bei der Bushaltestelle sitzen, sondern kam hierher? Hin und wieder schaute sie auf und fixierte mich durch ihre übergroße kreisrunde Brille. Nach etwa zehn Minuten erschien ein junger Mann, begrüßte seine Oma und half ihr in die Senkrechte. Während sie ihr Strickzeug umständlich in einen großen Beutel stopfte, erstand er an der Theke noch eine Packung Aspirin.

»Die war bisher nie hier und hat noch nicht einmal aus purem Anstand etwas gekauft«, sagte meine Kollegin, als das ungleiche Paar verschwunden war, »kennst du sie vielleicht?«

Ich verneinte. Doch plötzlich fiel mein Blick auf eines der offenen Regale, in denen wir allerlei Nützliches – zum Beispiel Nagelfeilen, Pflaster, Sonnencreme und kleine Mitbringsel – anbieten, die der Kunde spontan und zusätzlich erwerben soll. Das oberste Fach war völlig leer! Unsere *Gute-Besserung-Schokolade* fehlte, und zwar alle zwanzig Täfelchen, die dort ausgestellt waren. Zum Glück waren in diesem Moment keine Kunden im Verkaufsraum, denn mein ebenso lautes wie fassungsloses *Unerhört!* lockte die Kolleginnen aus Büro und Labor auf der Stelle herbei.

»Die Alte hat die gesamte Schokolade geklaut«, sagte ich. Und sofort begann eine lebhafte Diskussion, ob es sich lohne, die Polizei zu informieren. Unsere Chefin meinte, sie habe keine Lust, wegen einer Lappalie einen Papierkrieg anzuzetteln.

»Das bezeichne ich nicht als Diebstahl, sondern als Mundraub«, argumentierte sie. Die Kolleginnen sahen das unterschiedlich. »Die Alte reist mit dieser Masche vielleicht quer durch Deutschland und stiehlt einfach alles, was sich auf die Schnelle einsacken lässt«, meinte Johanna, während Ines glaubte, die arme Frau habe wahrscheinlich unter Hypoglykämie, also einer plötzlichen Unterzuckerung gelitten. Quatsch, meinte die Apothekerin, in einem solchen Fall würde man einfach um ein Stückchen Traubenzucker bitten.

Im Allgemeinen bin ich grundsätzlich anderer Meinung als meine Chefin, aber diesmal stellte ich mich sofort auf ihre Seite. Keine Polizei! Das brächte nur bürokratischen Aufwand mit sich, der in keinem Verhältnis zum finanziellen Verlust stünde. In jedem Supermarkt würde unentwegt in viel größerem Maße entwendet, die Diebe aber nur selten erwischt. Außerdem hatten die Polizisten sicherlich Besseres zu tun, als nach einer alten Schokoladendiebin zu suchen.

Abgesehen davon konnten wir die Täterin zwar gut beschreiben, doch niemand hatte sich für Aussehen und Auto des angeblichen Enkels interessiert, was eine Fahndung sowieso fast unmöglich machte.

Johanna hatte sogar einen besonders schlimmen Verdacht: Vielleicht war der junge Mann ein Kundschafter, der einen Einbruch oder Überfall plante, und die alte Frau diente nur zur Ablenkung. Doch gerade dann hätte sie wohl kaum einen Diebstahl begangen, argumentierte ich, noch dazu, wo sie ihre Langfinger so auffällig geschmückt hatte. Schließlich blieb es beim Veto unserer Chefin, und eine Anzeige wurde nicht erstattet. Immerhin konnte ich jetzt Yves etwas Spannendes aus meinem Alltag berichten: *Die alte Diebin in meiner Apotheke.*

Alle meine Klubschwestern wohnen wie ich in Weinheim, deswegen kommen sie fast nie in meine Apotheke, die doch ein gutes Stück außerhalb liegt. Abgesehen davon sind auch alle berufstätig. Grundsätzlich rufen wir uns abends an, Ausnahmen gab es bisher nur in prekären Situationen. Deswegen reagierte ich etwas überrascht, als sich Corinna auf meinem privaten Handy meldete. Zum Glück befand ich mich gerade auf der Straße und startete den Dienstwagen, um bestellte Medikamente in ein Altersheim zu bringen.

Die Mathelehrerin redete nicht lange um den heißen Brei herum. Ob ich ihr einen Gefallen tun und ein bestimmtes Schlafmittel besorgen könne.

»Benzodiazepine sind aber rezeptpflichtig«, wandte ich ein. Ja, das wisse sie durchaus, aber ihr Arzt sei gerade im Urlaub, sie würde das Rezept nachreichen.

»Warum gehst du dann nicht in deine Hausapotheke, wo man dich kennt?«, fragte ich misstrauisch. Corinna druckste herum. Ich kannte sie gut genug, um sie zu durchschauen. Sie war im Grunde ein sehr gradliniger und ehrlicher Mensch, das Lügen fiel ihr schwer. Irgendwann gestand sie, dass sie seit langem abhängig sei, immer wieder den Arzt gewechselt habe, aber inzwischen keine neuen Rezepte erhielt. Sie tat mir leid, denn ich wusste, dass ich ihr mit Baldrian, Melisse und Hopfen nicht weiterhelfen konnte und dass sie Entspannungsübungen und ein Lavendelkissen wohl längst schon ausprobiert hatte. Und so kam es, dass ich an diesem Dienstag einerseits einen Diebstahl entdeckt hatte, andererseits selbst zur Diebin wurde. Es war ja kein Problem, das gewünschte Medikament unbeobachtet einzustecken und am Abend meiner Klubfreundin zu übergeben. Allerdings musste meine Tat eine Ausnahme bleiben, ich riet Corinna eindringlich, sich von einem professionellen Therapeuten helfen zu lassen. Auf keinen Fall wollte ich nur aus Freundschaft zur Komplizin werden und Corinna regelmäßig mit Suchtmitteln versorgen. Sie versprach Besserung, aber ich glaubte ihr nicht. Angeblich stand sie bereits auf der Warteliste einer Psychotherapeutin.

Als wir endlich keine Kunden mehr hereinließen und auch die Kasse schließen wollten, war die Zählmaschine kaputt, und ich musste die verhasste Arbeit stöhnend selbst erledigen.

Nach diesem anstrengenden Tag war ich genauso erschöpft wie am vorigen Abend. Zu Hause zog ich sofort Nachthemd und Bademantel an, wickelte mich zusätzlich in eine Decke und schaute mir, auf dem Sofa liegend, eine kitschige Liebesromanze an.

15
All you need is love

Den Gedanken an Andreas Haase konnte ich immer nur kurzfristig verdrängen. Die Ungewissheit, ob er genesen, krank oder tot war, bedrückte mich Tag und Nacht. Vor allem auch die Angst, ob er Rache nehmen würde. Über kurz oder lang würde er vielleicht ahnen, wie übel wir ihm mitgespielt hatten. Aber ich konnte nicht schon wieder bei Jelena anfragen, ob sie inzwischen Kontakt mit ihrem Mann aufgenommen hatte. Meine ständige Grübelei führte zu Schlaflosigkeit. Auch mit Franzi konnte ich gerade nicht vernünftig reden, denn sie war sauer auf ihren Chorknaben und entsprechend gereizt und schwierig. Wie ich herausbekam, hatte sie dem hübschen Lateinlehrer von ihrem Fransen-Tick erzählt und erwartet, dass er ihre Marotte lustig und originell fand. Er habe aber nur die Stirn gerunzelt und die abfälligen Worte *infantil* und *albern* gebraucht. Fast schien es mir, als ob sie ihre sehnsüchtigen Wünsche trotz der Aussichtslosigkeit einer Liebesbeziehung nicht aus dem Kopf bekam.

Als meine Tante Karin anrief, war ich in trüb-
seliger Stimmung, und ihre gute Laune ging mir auf
den Wecker. Im Hintergrund hörte ich die Beatles:
All you need is love. Sie werde sich erneut mit
Paul treffen, erzählte sie, er habe seinen Anteil der
Hotel- und Restaurantkosten überwiesen und sich
auch ein wenig entschuldigt. Angeblich habe er
schlechte Erfahrungen mit raffgierigen Frauen gemacht und überreagiert. Ob ich dazu rate, die Babypuppe zum Rendezvous mitzunehmen, oder ob
ein so weibliches Hobby auf einen Mann vielleicht
abschreckend wirke.

»Nicht nur auf einen Mann«, sagte ich grimmig
und legte auf.

Doch dieses kurze Gespräch versetzte mich erst
recht in eine melancholische Gemütslage. Ich war
zwar noch jung, aber seit längerem ohne festen
Partner. Wie würde ich leben, wenn ich das Alter
meiner Tante erreicht hatte? Ob ich dann eine eigene Familie hatte oder einem unerfüllten Kinder-
wunsch nachtrauerte? Der einzige Mann, der mich
im Augenblick ein wenig interessierte, war mein
Nachbar Yves, ein Spinner ohne sicheres Einkom-
men, völlig ungeeignet für die Rolle eines verant-
wortungsvollen Familienvaters. Aber sollte ich
überhaupt schon Pläne für eine ferne Zukunft
schmieden? Konnte ich mit solchen Entscheidun-

gen nicht warten, bis ich Mitte dreißig war? Bei unserem letzten Klassentreffen waren einige der Mädels schon verheiratet oder fest liiert gewesen und hatten stolz die Fotos von entzückenden Kleinkindern herumgezeigt. Und wie sah es bei meinen Klubfreundinnen aus, die, abgesehen von Jelena, alle kinderlos waren? Es war ein vermintes Terrain, das wir bisher ängstlich gemieden hatten. Schon bei unserem zweiten Treffen hatte Franzi uns nämlich in leicht angetrunkenem Zustand darüber informiert, dass sie in jugendlichem Alter eine Fehlgeburt hatte und nie mehr daran erinnert werden wollte. Nur von Heide war bekannt, dass sie gern Kinder hätte, ihr Freund bei diesem Thema aber stets abblockte. Ob sie darüber traurig war, wusste ich nicht; auf ihrem Kühlschrank hatte ich einen Aufkleber gesehen: *Good Vibes only*. Über das Gegenteil, nämlich über eventuell stattgefundene Abtreibungen, wurde sowieso nie gesprochen.

Doch worum ging es überhaupt an den lustigen Klubabenden? Wir redeten gern über unsere Macken, über Klatsch und Tratsch, über Geschwister, Kindheit und Jugend im Elternhaus, hauptsächlich aber über unser Berufsleben, weil wir dann ungehemmt über Kollegen und Vorgesetzte lästern konnten. Ein wichtiges Thema war auch die Männerwelt – Väter, Brüder, Kollegen und frühere

Liebhaber, Freunde und Bewunderer. Über das aktuelle Liebesleben schwieg man sich jedoch weitgehend aus, ob aus Scham, Diskretion, Bescheidenheit oder Frust, war mir nicht ganz klar. Jelena hatte über ihren Expartner Andreas Haase zwar häufig geklagt, Eva gelegentlich auch mal über ihren trägen Mann, aber über die lustvollen Seiten einer Beziehung hatten alle geschwiegen. Heide hatte neulich vorgeschlagen, zur allgemeinen Erheiterung *Quick and dirty* zu spielen, wobei man blitzschnell auch auf indiskrete Fragen ehrlich antworten müsse. Sie erwartete begeisterte Zustimmung, aber die mehrheitliche Meinung war ablehnend. Insgeheim mochte wahrscheinlich keine über aktuelle Bettgeschichten Auskunft geben. Männer pflegen zwar gern mit aufregendem Sex anzugeben, Frauen tun sich da oft schwerer. In unserem Fall wohl, um die anderen nicht neidisch zu machen, vielleicht auch, weil wir mehr oder weniger konservativ oder sogar prüde aufgewachsen waren und auf keinen Fall als *Bitch* gelten wollten. Es war eine Zwickmühle: Einerseits waren wir neugierig und hätten nicht ungern Details über das Sexleben unserer Freundinnen erfahren, andererseits wollten wir nicht als sensationsgeile Schwatzbasen gelten.

Doch ich muss zugeben, dass ich keineswegs frei von Voyeurismus bin und beim Heimkommen oft vor dem Schaufenster der Buchhandlung stehen bleibe. Mit einem Blick kann ich die reißerischen Schlagzeilen der Boulevard-Zeitschriften überfliegen und mich über den neuesten Promiklatsch informieren.

Peinlicherweise erwischte mich Yves genau in diesem Augenblick. Er schien allerdings zu glauben, dass ich mich für die aktuellen Nachrichten interessiere.

»Bist du politisch engagiert? Hoffentlich wählst du die Grünen! Umweltfragen sind seltsamerweise erst seit etwa fünfzig Jahren ein gesellschaftlich relevantes Thema. Ich schreibe gerade einen Artikel über den historischen Wandel der Partei-Parolen jeglicher Couleur, insbesondere über den peinlichen Hurra-Patriotismus der Wilhelminischen Zeit. Dazu passt das heroische Denkmal dort oben am Marktplatz, direkt vor der St.-Laurentius-Kirche. Es wäre zu überlegen, ob man solche martialischen Statuen nicht entfernen sollte. Was meinst du?«

Ich drehte mich nach dem sogenannten stürmenden Krieger um. Den Soldaten mit Fahne und Schwert auf einem Steinsockel hatte ich bisher kaum beachtet. Ganz spontan fiel mir aber ein kluger Kommentar ein.

»Solche verherrlichenden Kriegerdenkmäler können doch andererseits zum Nachdenken anregen. Zum Glück gibt es aber in Weinheim auch ein Gegenstück. Am Anfang der Fußgängerzone steht ein modernes Kunstwerk, ein zierliches kleines Mädchen hoch zu Ross. Es müssen nicht immer nur berittene Soldaten sein«, sagte ich und hoffte, ihm mit meiner Antwort zu imponieren. Es schien zu funktionieren.

»À la bonne heure! So positiv habe ich diesen ausgemergelten Klepper mit der mickrigen Göre noch gar nicht gesehen«, sagte er anerkennend. »Bisher habe ich geglaubt, das abgemagerte Paar wäre ein Trick der Gastronomen, um hungrige Touristen ins Wirtshaus zu locken. Apropos – wie wäre es, wenn wir wieder einmal zusammen kochen?«

Natürlich war ich einverstanden. Yves wusste auch gleich, was auf dem Speiseplan stehen sollte.

»In meinem Ratgeber gibt es ein formidables Rezept für Kartoffeln à la Duchesse, preiswert und deliziös. Ich zitiere: *Den Teig paniert man mit Ei und Semmelkrume und bäckt die Vierecke in Schweinsfett goldbraun!*«

Obwohl ich skeptisch war, was die Kochrezepte aus Yves' *Goldenem Familienbuch* anbetraf, so klang dieses ganz passabel. Wir stapften hintereinander die steile Treppe hinauf und beschlossen, an meinem freien Nachmittag gemeinsam einzukaufen und anschließend zu kochen. Hoffentlich braucht man keinen Kohleherd und keine rostige Eisenpfanne zum Gelingen, dachte ich. Immerhin hatte ich von meiner Großmutter eine mechanische Reibe geerbt, eine hölzerne Kaffeemühle sowie ein Nudelholz, das Franzi unserem betrunkenen Feind damals in die Kniekehle gerammt hatte. Und schon wieder war ich in Gedanken bei Andreas Haase. Wie mochte es ihm gehen? Oben angekommen, schaute ich Yves wohl mit einem so unglücklichen Blick an, dass er lachen musste. »Wenn uns das historische Mahl nicht begeistert, können wir uns ja noch einen Flammkuchen bestellen«, sagte er tröstend.

»Oder Sushi«, sagte ich, schloss auf und betrat endlich meine Wohnung, Yves ging in seine eigene.

Manchmal wundere ich mich, warum ich nicht besser kochen kann. Denn in der Apotheke liebe ich es, in der Hexenküche des Labors zu arbeiten: Salben anrühren, Kapseln herstellen oder Zäpfchen in einer für Kinder angepassten Dosierung gießen. Aber wenn ich am eigenen Herd stehe, habe ich meistens keine Lust auf ein umständliches Gericht, bin müde und will nur rasch satt werden. Etwas anderes ist es sicherlich, wenn man für Gäste oder die Familie kocht, dann lohnt sich die Mühe. Obwohl ich mich erinnern kann, dass meine Mutter sehr zornig werden konnte, wenn meine Schwester und ich ihr liebevoll bereitetes Slow Food verschmähten.

Eigentlich hätte ich nicht erwartet, dass mir das gemeinsame Kochen nach verquasten Rezepten sogar Spaß machte. Irgendwie erinnerte es mich an meine Tätigkeit im Labor, weil die altmodischen Rezepte so gar nichts mit Fast Food, sondern eher etwas mit Alchemie zu tun hatten. Als Vorspeise sollte es Eier au bouillon geben, als Hauptgericht Duchesse-Kartoffeln und Herriko – *eine wohlfeile Jagdpastete aus Erdäpfeln, Zwiebeln und Schweinefleisch.* Das Dessert bestand aus Birnenmus, dem man *Zimmet, Citronenschalen und Fliedersaft* zusetzen sollte. Diesen Saft konnten wir allerdings nirgends im Supermarkt entdecken, bis Yves schließlich herausfand, dass es sich um Holunder-Nektar handelte. Schon das Einkaufen hatte mehr Zeit als üblich in Anspruch genommen, aber es dauerte Stunden, bis wir uns zum Essen hinsetzen und das Ergebnis unserer Bemühungen in höchsten Tönen loben konnten. Die vorwiegend kartoffelhaltige Beilage hatte uns allerdings mehr als satt gemacht. Vom Fleischgang, also dem sogenannten *Herriko,* blieb noch viel übrig, so dass Yves vorschlug: »Den Rest kannst du ja einfrieren. Aber netter wäre es doch, wenn wir Franzi eine Portion anbieten. Ist sie denn zu Hause oder mit ihrem Bel-Ami unterwegs?«

»Der Bel-Ami ist schwul«, entfuhr es mir unbedacht, denn ich sah sofort, dass Yves diese Information interessiert zur Kenntnis nahm. Etwas enttäuscht über seine Reaktion fuhr ich fort: »Trotzdem hat sie nur Augen und Ohren für diesen Typ …«

»Also eine einseitige Amour fou«, sagte Yves, »wie kann man die Arme nur von diesem gay abbringen?«

»Da beißt man auf Granit«, sagte ich und schämte mich ein wenig für meine kühne Behauptung. Und genau deswegen erklärte ich mich dazu bereit, bei Franzi anzurufen, um ihr die üppigen Reste unserer Mahlzeit anzubieten. Mittags aß sie meistens in der Schulmensa, abends oft nur ein Käsebrot.

»Dann werde ich mir mein Powernap sparen, ich komme sofort«, sagte sie, anscheinend hocherfreut. Und tatsächlich war sie in wenigen Minuten in meiner Küche. Sie sah aus, als wäre sie geradewegs vom Sofa aufgestanden, denn sie trug einen uralten grauen Hoodie und rosa Pantoffeln. Neugierig schnuppernd lüftete sie den Deckel der Kasserolle.

»Ist ja gar nicht mehr heiß!«, stellte sie bedauernd fest.

»Leider nicht, aber du kannst dir doch den ganzen Topf mitnehmen, in den Kühlschrank stellen und morgen aufwärmen«, sagte ich. Aber sie war hungrig und wollte lieber sofort und in unserer Gesellschaft essen. Also stellte Yves die Herdplatten wieder an, wobei es kaum zu vermeiden war, dass unser Hauptgericht ein wenig ansetzte. Für das Originalrezept hätte man nämlich die Fleischpastete in einer blechernen Puddingform mit gut schließendem Deckel im Wasserbad erhitzen müssen. Da mein Equipment für die umständliche Prozedur nicht ausreichte, hatten wir ersatzweise einen normalen Kochtopf benutzt. Schließlich saß Franzi am Küchentisch und fing gierig an zu mampfen. Nachdem sie zwei gehäufte Gabeln *Herriko* verschlungen hatte, hielt sie abrupt inne und sah skeptisch zu mir hoch.

»Das ist doch nicht euer Ernst?«, fragte sie zweifelnd. »Wollt ihr mich etwa verarschen?«

Wir schüttelten verständnislos den Kopf.

Da musste Franzi schallend lachen und zitierte:

Ein Mensch, der sich ein Schnitzel briet,
bemerkte, dass ihm das missriet.
Jedoch, da er es selbst gebraten,

tut er, als wär es ihm geraten.
Und, um sich nicht zu strafen Lügen,
isst er's mit herzlichem Vergnügen.

»Genial, nicht wahr? Die Verse sind leider nicht von mir, sondern von Eugen Roth. – Vielleicht solltet ihr die angebrannte Pampe lieber an die Enten in der Weschnitz verfüttern«, schlug sie vor.

Sofort tauchte ein schreckliches Bild vor mir auf: die Bank vor dem Flüsschen, auf der wir den betrunkenen Hasen abgelegt hatten. Meine Laune sank auf den Nullpunkt.

»Bitte sehr!«, knurrte ich. »Hau ab, und geh Enten füttern, ich habe genug von deinem undankbaren Geschwätz! Stundenlang haben wir gekocht und wenigstens ein bisschen Beifall erwartet! Aber du verstehst es ausgezeichnet, mir alles madig zu machen. Ich möchte jetzt lieber allein sein und mich ausruhen.«

Erschrocken stand Franzi auf, Yves ebenso. Beide fühlten sich wohl rausgeschmissen und verließen mich mit langen Gesichtern. Das mühsam zubereitete Essen blieb stehen, niemand half mir beim Aufräumen und Geschirrspülen. Und zu meinen bisherigen Ängsten kamen neue hinzu: Was würden die beiden nach meinen schroffen Worten von mir denken? Hatten sich Yves und Franzi im

Treppenhaus getrennt oder gingen sie jetzt zusammen in seine Wohnung und redeten über mich und mein unverständliches Aufbrausen? Yves hatte sich schon immer für Franzi interessiert, jetzt witterte er vielleicht eine gute Gelegenheit, um ihr näherzukommen. Und Franzi war vielleicht gar nicht mehr scharf auf ihren schwulen Gesangslehrer, denn sie hatte mir unter vier Augen angedeutet, dass sie gelegentlich Lust auf einen One-Night-Stand hätte. Vor meinem inneren Auge tauchten schreckliche Bilder auf: Ich sah jetzt nicht nur einen toten Hasen im Bett liegen, sondern auch meine beiden Hausgenossen in inniger Umarmung auf Yves' bücherbefreitem Sofa.

Nicht zu übersehen war allerdings ein reales Bild: Direkt vor mir lag immer noch das *Goldene Familienbuch* mit Ratschlägen und zeitraubenden Rezepten. Aufs Geratewohl schlug ich eine beliebige Seite auf und landete beim Thema Kopfschmerzen, was mir in diesem Moment wie ein Wink des Himmels erschien. Mir brummte nämlich der Schädel, außerdem polterten die Zwiebeln in meinem Bauch. Ich las:

Oft sind Kopfschmerzen schon dadurch zu heilen, dass die Haare sorgfältig ausgekämmt werden, oder dass der Kopf mit frischem Was-

ser benetzt wird. Ein Mittel, das wohl überall bekannt und mit bestem Erfolg angewandt wurde, ist ein sympathetisches und dürfen wir dasselbe nicht unerwähnt lassen. Man schneide sich nämlich alle Freitage zu einer bestimmten Stunde die Nägel von Händen und Füßen ab und lasse sich außerdem alle Monate 3 Tage vor dem Vollmonde die Haare zur bestimmten Stunde verschneiden.

»So ein Blödsinn«, brüllte ich und pfefferte das Buch mit Wucht in eine Ecke, wobei mehrere lose Seiten herausfielen. Irgendwann, als ich längst eingewickelt im Bett lag, gestand ich mir jedoch ein, dass Franzis Bemerkung nicht schuld an meiner miesen Laune war, sondern mein eigenes schlechtes Gewissen. Und letzten Endes dann doch wieder Franzi, weil sie offensichtlich das Zeug zur Mörderin hatte. Zog sie mich in Abgründe hinunter? Sollte ich mit meiner einzigen Freundin brechen? Das wäre im Grunde ungerecht, denn sie war es schließlich, die mir zur Seite gestanden hatte, als alles begann. Damals, als ich meine Handtasche bei Andreas Haase abholen wollte und in Panik geriet, war sie, ohne zu zögern, herbeigeeilt, hatte die Tasche mit allen wichtigen Papieren gesucht, gefunden und mich schließlich energisch weggelotst.

Sollte ich doch noch bei ihr anrufen und mich entschuldigen? Auf keinen Fall, ich würde sie aufwecken und noch mehr brüskieren.

Abgesehen davon hatte ich gelogen, als ich Yves' *wohlfeile* Jagdpastete gelobt hatte, denn im Grunde fand ich – genauso wie Franzi – die fade graue Pampe aus zerkochten Kartoffeln und fettem Fleisch überaus eklig.

Ich schlief fast gar nicht in jener Nacht. Als ich mich viel zu früh aus der Decke schälte, zögere ich keine Sekunde, nahm das *Goldene Familienbuch* sowie den Topf mit Herriko, schlich hinaus auf den Flur und platzierte beide auf der Fußmatte vor Yves' Wohnungstür. Auf einen Zettel kritzelte ich: *Bon appétit, cher ami.*

16
Worst Case

Punkt acht Uhr war ich in der Apotheke und musste mich gleich über eine raffgierige Kundin ärgern, die alle nur möglichen Pröbchen kassieren wollte: Taschentücher, Cremes, Magnesium-Kautabletten, Kugelschreiber und jetzt im Spätjahr natürlich Kalender. Sie sah nicht ein, dass auch für andere etwas übrig bleiben sollte.

»Sie haben doch schon letztes Mal unseren Landschafts-Kalender bekommen«, wagte ich zu sagen. Und schon war sie tief beleidigt. Kaum war sie fort, als ein leicht dementer Patient aufkreuzte, der außer seinen üblichen Medikamenten noch ein halbes Pfund Butter verlangte. Während meine Chefin nur milde lächelte, reagierte ich fast depressiv. Wie traurig konnte das Altwerden doch sein! Meine Kolleginnen Johanna und Ines nahmen sich immer Zeit für einsame alte Menschen, hörten sich nicht nur die gesundheitlichen, sondern auch die sozialen, finanziellen oder familiären Probleme geduldig an und trugen dazu bei, dass unsere Apotheke gern besucht wurde. Früher hatte auch ich mich fast wie eine Psychotherapeutin gefühlt, jetzt eher als soziale Versagerin.

Unsere Dienstpläne sind kompliziert, aber wenigstens gerecht. Die vierzig Arbeitsstunden, die eine PTA pro Woche leisten muss, werden so aufgeteilt, dass jede auch mal samstags Dienst hat und dafür an einem beliebigen Wochentag zu Hause bleiben darf. Am Tag nach unserer Küchenschlacht hätte ich auf keinen Fall freibekommen, aber meine sonst so strenge Arbeitgeberin schickte mich nach Hause.

»Wie sehen Sie denn aus! Kranke Mitarbeiter sind keine gute Werbung für eine Apotheke. Legen Sie sich ins Bett, und kurieren Sie sich aus, in diesem Zustand können Sie niemals fokussiert arbeiten!«, befahl sie. Offenbar standen mir meine Kopfschmerzen trotz Einnahme von ASS so deutlich ins Gesicht geschrieben, dass die Mutter Teresa in meiner Chefin erwachte. »Take care!«, sagte sie sogar. Erleichtert packte ich meine Sachen zusammen. Am Marktplatz angekommen, rutschte ich auf nassem Laub aus und fiel hin, zum Glück ohne mir etwas zu brechen.

Vor der benachbarten Wohnungstür stand immer noch der Kochtopf. Nun ja, Yves musste schließlich nicht wie die meisten Menschen in aller Frühe das Haus verlassen, sondern arbeitete hier in seiner Höhle; es konnte sein, dass er sie den ganzen Tag nicht verließ. Müsste ich die nach Metall schmeckende und leicht verbrannte Pampe nicht wieder an mich nehmen und in den Kühlschrank stellen? Auf keinen Fall, beschloss ich. Sollte sich ruhig eine Maus am Herriko vollfressen! Und bei der Vorstellung noch ekligerer Mitesser, nämlich grün schimmernder Aasfliegen, öffnete ich einladend den Deckel. Dann legte ich mich hin und schlief am helllichten Tag wieder ein.

Am Nachmittag ging es mir tatsächlich etwas besser. Um endgültig wieder in die Gänge zu kommen, waren jetzt frische Luft und Bewegung die beste Medizin. Als ich meine Wohnung verließ, waren Kochtopf und Familienbuch vor der Nachbartür endlich verschwunden.

Vom Marktplatz ist es nicht weit bis zum Schlosspark, an den der sogenannte Exotenwald grenzt. Dieses wunderbare Refugium wurde vor etwa hundertfünfzig Jahren von einem reichen Adeligen angelegt. Bäume aus Nordamerika, Ostasien und dem Mittelmeerraum fühlen sich hier wohl, zum Beispiel gigantische Mammutbäume, Magnolien, Zedern oder sogar Araukarien. Das raschelnde Laub unter meinen Tritten, der Ruf eines Raubvogels und die unerwartete Begegnung mit einem neugierigen Eichhörnchen vertrieben allmählich meine depressive Stimmung. Die Luft war klar und kühl, aber nicht frostig, so dass ich lange unterwegs war und sich mein Befinden weitgehend stabilisierte.

Ich war fast wieder zu Hause und durchquerte gerade noch das letzte Stück des Parks, als in der Nähe des Blauen Huts – einem alten Turm – eine winkende Gestalt in einer rosa Steppjacke auftauchte. Beim Näherkommen erkannte ich Heide in Gesellschaft zweier Kinder.

Sie umarmte mich. »Gut, dass ich dich treffe, ich brauche gerade ein mitfühlendes Herz!«, und zu den Kleinen gewandt, sagte sie: »Ihr dürft jetzt noch mal auf die Rutsche, und dann geht es ab nach Hause. Es gibt heißen Kakao und Donuts!«

Es waren Jelenas Zwillinge, beide in militärisches Khaki gekleidet, die sich das nicht zweimal sagen ließen und sofort wieder zum Spielplatz rasten. Heide vergewisserte sich, dass die Kinder uns nicht hören konnten.

»Jelena hat mich gebeten, die Jungen von der Kita abzuholen und mit zu mir zu nehmen. Es ist etwas ganz Schlimmes vorgefallen«, sagte sie leise.

Mir blieb das Herz fast stehen, in böser Erwartung starrte ich Heide an.

»Jelena ist auf dem Weg nach Mannheim, um ihren Mann zu identifizieren. Andreas lag wohl schon seit Tagen tot in seiner Wohnung, bis den Nachbarn der Leichengeruch auffiel. Wahrscheinlich ein schrecklicher Anblick für meine sensible Freundin! Die Ärmste tut mir von Herzen leid.«

Beim Anblick der Jägerpastete hatte ich heute bereits an gefräßige Insekten gedacht, jetzt stellte ich mir vor, wie die Schmeißfliegen sirrend über einen Leichnam herfielen. Mir wurde schlecht.

»Woran ist er gestorben?«, brachte ich mühsam hervor.

»Ich schätze mal am Suff, aber er liegt jetzt in der Pathologie und wird obduziert. Bei unklarer Todesursache ist das wohl Vorschrift. Es ist zwar keine große Tragödie, dass es den Kerl erwischt hat, aber die Umstände sind äußerst unschön. Arme Jelena!«

Wie lange mochte es her sein, dass wir den Hasen vergiftet hatten? Bestimmt schon zwei Wochen. Ob er bereits an jenem Abend gestorben war oder erst Tage später? Konnte man das Aconitin nach so langer Zeit noch nachweisen? Ich griff mir an den Kopf, wo der überwunden geglaubte Schmerz blitzartig wieder einschoss. Mühsam behauptete ich, sofort nach Hause zu müssen, weil ich unter Migräne-Anfällen leide. Heide nickte bedauernd, rief die Zwillinge herbei und setzte sich in entgegengesetzter Richtung in Bewegung.

Natürlich klingelte ich als Erstes bei Franzi, um ihr die schreckliche Nachricht mitzuteilen. Sie öffnete mit missmutiger Miene.

»Willst du mir schon wieder diesen widerlichen Fraß anbieten?«, fragte sie.

»Worst case!«, rief ich und sprudelte los. Franzi hörte aufmerksam zu. Ich sah ihr die Anspannung zwar an, aber sie blieb trotz allem ziemlich cool.

»Was regst du dich so auf?«, meinte sie schließlich. »Im Grunde wollten wir doch nichts anderes, als ihn loszuwerden! Für Jelena ist es sowieso besser, wenn sie mit dem Erzeuger ihrer Brut nichts mehr zu tun hat. Fazit: Alles im grünen Bereich. Ganz abgesehen davon ist der Hase vielleicht gar nicht an unserem Tee gestorben, sondern infolge jahrelangen Alkoholmissbrauchs.«

»Aber er wird obduziert, und man kann heutzutage schon kleinste Spuren Gift nachweisen …«

»Und wenn schon, wie sollen sie dann ausgerechnet auf uns kommen? Und falls doch, dann können wir immer noch sagen, dass wir wohl aus Versehen das falsche Kraut in den Tee gegeben haben. Ganz abgesehen davon – wie sollte man uns eine böse Absicht ohne einleuchtendes Motiv nachweisen? Selbst wenn wir nicht aus eigenem Interesse, sondern in Jelenas Auftrag gehandelt hätten, würde auch sie von seinem Tod nicht profitieren. Von einem verarmten Schlucker ist schließlich keine Erbschaft zu erwarten. Also mach dir nicht gleich ins Hemd!«

»Was bist du nur für ein skrupelloses, abgebrühtes Weib! Du möchtest also ohne Gewissensbisse wieder zur Tagesordnung übergehen!«

»Ja, was denn sonst? Willst du dich etwa selbst anzeigen, du dumme Nuss? Du hast es doch auch gewollt! Und jetzt lass mich mit deiner Moralkeule in Ruhe, ich mag am Feierabend keine strapaziösen Diskussionen. Und nach deinen ewigen Vorwürfen kriege ich immer so'n Hals!«

Also verzog ich mich wieder. Kurz darauf rief meine Tante an. Wie ich fast erwartet hatte, gab es ein Problem mit Paul, genauer gesagt, mit Tante Karins digitaler Eifersucht. Bei einem erneuten Date war man immerhin in einer Hotelsuite gelandet. »Bis dahin hat die Chemie gestimmt«, behauptete sie. Aber als ihr Lover abends unter der Dusche stand, hatte Karin sein Tablet kontrolliert. Offenbar war sie nur eine unter vielen, mit der ihr Paul angebändelt hatte.

»Man muss vorsichtig sein«, rechtfertigte sie sich. »Schließlich habe ich bereits zweimal falsch geheiratet.«

»Selber schuld, wenn er jetzt die Nase voll hat«, sagte ich. »Was würdest du im umgekehrten Fall davon halten, wenn er in deinen Schreibtischschubladen herumgewühlt hätte? Wie ich dich kenne, würdest du so einen Typen Knall auf Fall vor die Tür setzen!«

»Er hat mich ja zum Glück nicht erwischt, aber ich bin so was von verunsichert! Wie soll ich mich jetzt verhalten? Es ist ihm doch offensichtlich nicht ernst mit unserer Beziehung!«

»Dann lass ihn sausen, dir bleibt ja immer noch dein Baby!«, sagte ich und legte auf. Wahrscheinlich hatte ich es heute sowohl mit Franziska als auch mit Tante Karin verscherzt, dabei sehnte ich mich nach liebevoller Anteilnahme, nach einer Umarmung. Gleichzeitig war mir klar, dass ich durch wiederholte Ruppigkeit an meiner Einsamkeit selbst schuld war. Irgendwann hielt ich es nicht mehr aus, brauchte Trost und klingelte kurzentschlossen bei meinem Nachbarn.

Yves musterte mich mit großen Augen. »Was verschafft mir die Ehre?«, fragte er.

»Ich bin krank«, jammerte ich. »Und anscheinend bin ich auch unausstehlich!«

»Dann solltest du etwas dagegen tun«, sagte er sachlich, anstatt mich zärtlich an sich zu ziehen. »Schließlich kannst du dich mit den teuersten Pharmaka vollschlagen! Ich könnte dir höchstens einen Löffel kaltes Herriko anbieten.«

»Aber vielleicht einen heißen Matcha Tee? Das könnte helfen …«

Er nickte, ließ mich herein und begab sich in die Küche. Als er mit einem Becher zurückkam, fand er mich in Tränen aufgelöst.

»Mon dieu! Was ist denn das für eine crise bei meiner geschätzten Nachbarin?«, fragte er ratlos.

»Andreas Haase ist tot«, schluchzte ich.

Yves zog die Augenbrauen hoch.

»Das hört sich ja fast so an, als würdest du es bedauern. Ein toter Feind ist doch besser als ein lebender Todfeind …«

»Wir haben ihn umgebracht«, wimmerte ich.

»O là là! Und die Erde ist eine Scheibe. Jetzt trink erst mal einen Schluck auf deinen ennemi – et calme-toi!«

Er hält mich für durchgeknallt, dachte ich und musste weiterflennen. Yves beobachtete mich kopfschüttelnd, schließlich meinte er: »Ich rufe jetzt deine Freundin an. Hormonbedingte Heulanfälle kenne ich zwar von meiner Schwester, meine Mutter nannte es *dépression nerveuse,* aber ich war diesbezüglich immer etwas hilflos. Franzi kann dich wahrscheinlich besser verstehen.«

Ich hörte, wie er in den Flur ging und dort telefonierte. Allerdings verstand ich nur das Wort *Nevenzusammenbruch.* Kurze Zeit später stand

Franzi vor mir, sah aber keineswegs aus wie eine mitfühlende Seele, sondern eher wie eine aufgebrachte Gefängniswärterin.

»Was machst du denn für Sachen«, sagte sie ärgerlich. »Leg dich lieber ins Bett, wenn dich das heulende Elend überkommt, und belästige nicht die Nachbarschaft!«

»Mais non, au contraire!«, sagte Yves höflich. »Ich bin sehr gern für euch da. Wahrscheinlich hat Nina Fieber, denn sie fantasiert gerade ein bisschen!« Er grinste. »Eigentlich müsste ich jetzt Angst vor euch haben, ihr perfiden Mörderinnen …«, dabei zwinkerte er Franzi zu, aber sie wurde blass.

»Spinnst du?«, fuhr sie mich an, packte mich am Kragen und zog mich hoch. »Vielen Dank«, sagte sie noch zu Yves. »Ich bringe Nina jetzt auf der Stelle ins Bett.«

Kaum hatte sie meine Wohnungstür zugeschlagen, als Franzi mich ankeifte: »Was soll das nun wieder? Bist du wahnsinnig geworden? Am besten, du setzt das Rezept für unseren Tee auch noch in die Zeitung! Dein Nachbar hat nun einen Grund, über deine unüberlegten Worte nachzudenken und vielleicht auch mit anderen Leuten darüber zu sprechen. Jetzt gibt es einen Mitwisser, was wir am allerwenigsten gebrauchen können!«

»Er hat mir ja gar nicht geglaubt«, versuchte ich zu erklären. »Yves denkt, ich hätte Gewissensbisse, weil wir dem Hasen bloß einen Erkältungstee verabreicht und ihn gleich darauf fortgeschickt haben. Aber Yves hat ihn schließlich selbst nach Mannheim gefahren und konnte sehen, wie der Hase auf eigenen Füßen bis zum Hauseingang lief und die Tür aufschloss. – Und jetzt lass mich in Ruhe, ich bin sowieso fix und fertig.«

»Ich auch, aber ich geh besser noch mal rüber«, sagte Franzi. »Es wird mir bestimmt gelingen, Yves auf andere Gedanken zu bringen.« Und fort war sie.

Wahrscheinlich wird sie jetzt von meinen krankhaften Wahnvorstellungen faseln und gegen mich hetzen, dachte ich verzweifelt. Wenn Männer etwas nicht ausstehen können, dann sind es hysterische Frauen. Yves wird mich verachten, und Franzi wird die Gunst der Stunde nutzen und sich an ihn ranschmeißen.

Kurz darauf lag ich zwar im Bett, konnte mich aber nicht wie in sonstigen Krisenzeiten bis über beide Ohren einmummeln, weil sie zum Lauschen frei bleiben mussten. Verzweifelt versuchte ich nämlich, Geräusche aus der Nachbarwohnung wahrzunehmen. War Franzi noch dort? Blieb sie am Ende die ganze Nacht bei Yves? Kam es für beide nach langer Abstinenz zu einer bezaubernden, erfüllenden Liebesnacht? Nichts war zu hören, weder die gewohnten knarrenden Dielen, wenn der einsame Wolf herumwanderte, noch eine zufallende Tür, falls Franzi ihren neuen Lover im Morgengrauen endlich verließ. Irgendwann schlief ich aber ein, zurrte mir im Unterbewusstsein die Decke wieder in die gewohnte stramme Position und träumte, dass Franzi von Yves geschwängert wurde. Als ich wach war, hatte ich eine grenzenlose Wut auf meine Freundin.

War es nicht naiv, sie für meine allerbeste Busenfreundin zu halten? Würde eine andere aus dem Kreis der Spinnerinnen nicht besser zu mir passen? Zum Beispiel Corinna, die älter und erfahrener war als wir, die bereits einen geliebten Menschen verloren hatte und nun wehmütig das Familienleben fremder Menschen beobachtete? Allerdings hatte sie bereits eine enge Freundin, die sportliche Eva, mit der ich meinerseits nicht viel anfangen konnte. Jelena kam sowieso nicht infrage, weil ich schon bei ihrem Anblick an die Haase-Tragödie erinnert würde. Ihre Intima, die Freudenrednerin Heide, wirkte auf mich fast ein bisschen verlogen, ihre unverdrossene Fröhlichkeit ging mir auf den Keks. Oder war ich selbst die Schwierige?

Gerade als ich mich endlich zum Aufstehen bequemen wollte, klopfte es an meiner Tür. War es Yves? Sah ich in meinem jetzigen Zustand nicht äußerst unappetitlich aus? Vorsichtshalber öffnete ich lieber nicht, sondern rief wie bei einer militärischen Patrouille: »Wer da?«

»Mach auf!«, sagte Franzi. »Du warst ja gestern völlig von der Rolle, ich wollte nur mal sehen, ob es dir besser geht.«

Als sie eintrat, schüttelte sie den Kopf. »Marsch, marsch, zurück ins Bett!«, befahl sie. »Du glühst ja, du hast bestimmt noch Fieber! Was kann ich für dich tun? Brauchst du etwas aus deiner Apotheke?«

»Was hat Yves gestern gesagt?«, fragte ich zurück.

»Er hat nur gelacht, anscheinend hat er deinen Ausbruch wirklich nicht ernst genommen. Ich soll dich schön grüßen und dir gute Besserung wünschen.«

»Wie lange warst du denn drüben?«

»Keine fünf Minuten. Denkst du etwa, ich wollte mit deinem Franzmann anbändeln? Das überlasse ich dir, ich weiß doch, dass du ihn magst.«

Über meinen abgrundtiefen Seufzer musste sie grinsen. Dann schob sie mich mit sanfter Gewalt ins Schlafzimmer zurück, holte ein Fieberthermometer, ein Glas Wasser und Aspirin und rief schließlich noch meine Chefin an, um mein Fernbleiben zu entschuldigen. Doch nach diesem raschen Samariterdienst musste sie in ihre Schule eilen und verschwand. Ich schämte mich ein wenig, dass ich so wenig Vertrauen zu meiner besten Freundin gehabt hatte, und schlief beruhigt wieder ein. Erst um die Mittagszeit wurde ich geweckt, diesmal war es tatsächlich Yves, der klingelte. Anscheinend hatte ihn Franzi beauftragt, nach mir zu schauen.

»Na, wie geht's?«, fragte er. »Lust auf ein petit-déjeuner? Was darf ich dir servieren? Matcha oder Café au Lait? Grießbrei oder Porridge? Brioches oder Croissants? Omelette oder …«

»Hör auf«, unterbrach ich ihn. »Alles ist mir recht, wenn's bloß kein Herriko ist!«

17
Nur ein kleiner Zettel

Auf der Straße hatte Yves ein besonders schönes, vom Wind verwehtes Blatt gefunden und mir auf den Nachttisch gelegt. Sozusagen als Ersatz für einen teuren Blumenstrauß.

»Überall gibt es aparte Fundstücke, die nichts kosten«, sagte er. »Man geht oft achtlos vorbei, aber man könnte sich viel häufiger daran erfreuen!«

Ja, er hat recht, dachte ich. Buntes Laub war eine vergängliche Kostbarkeit, die wir andächtig bestaunen sollten. Das Weinblatt hatte sich rot, gelb, orange und braun verfärbt, nur eine Spur verblichenes Grün schimmerte noch hervor, die Textur fühlte sich an wie hauchdünnes Leder. Drei kräftige Hauptadern teilten die Oberfläche, zierliche Nebenlinien sorgten für eine lebhafte Musterung, und alle vertikalen Reihen mündeten punktgenau im Stiel. Fast wie eine menschliche Hand mit fünf Fingern, dachte ich voller Bewunderung, denn das Blatt hatte fünf verschieden lange Spitzen. Und schon wieder kamen mir schöne Männerhände in den Sinn, die ich an Yves liebte, aber auch bei Andreas Haase widerwillig festgestellt hatte.

Trotz oder vielleicht sogar wegen meines labilen Gesundheitszustands hatte ich es gut. Franzi und Yves kümmerten sich um mich, ja sie schienen sich fast ein bisschen zu sorgen. Am nächsten Abend ging es mir immerhin so viel besser, dass ich mit den beiden am Küchentisch saß und Hühnersuppe löffelte. Tiefgefroren gekauft, aber mit Herzblut heiß gemacht, behauptete Franzi. Als Yves sich mit einem »Gute Besserung und bon courage« verabschiedete, hatte sie mir anscheinend noch etwas zu sagen.

»Findest du es nicht etwas affig, dass er so heftig gestikuliert und immer mit ein paar französischen Vokabeln angeben muss? Ja, ich weiß, bei ihm zu Hause wurde in einem abstrusen Mischmasch geredet, der Vater sprach deutsch, die Oma französisch und die Mutter beides«, sagte sie. »Aber nun zu einem wichtigeren Thema: In der großen Pause wurde ich heute von Corinna angesprochen. Ich will dich zwar nicht mit unangenehmen Neuigkeiten quälen, aber du solltest doch Bescheid wissen.«

»Leg los …«, sagte ich matt.

»Es ist so, dass Heide inzwischen alle Klubschwestern darüber informiert hat, dass Andreas

Haase gestorben ist. Und sofort kam Corinna auf die Idee, dass wir der armen Jelena etwas unter die Arme greifen könnten. Das Problem ist nämlich, dass die Mannheimer Wohnung möglichst bald geräumt werden muss. Die Erben des Toten sind seine minderjährigen Söhne, also vorerst Jelena, die das Sorgerecht hat. Natürlich könnte sie die Erbschaft komplett ausschlagen, aber sie meint, dass es nicht nur Plunder, sondern auch Erinnerungsstücke und vielleicht sogar Ringe oder Uhren gibt, auf die sie nicht verzichten möchte. Immerhin hatte Haase jahrzehntelang in einem Juwelierladen gearbeitet.«

»Und – wie wollt ihr Jelena helfen?«

»Die versiffte Wohnung aufräumen, ausmisten und putzen, damit der Mietvertrag möglichst rasch aufgelöst werden kann. Wenn wir alle gemeinsam anpacken, ist es weniger eklig und geht ruckzuck! Ich schätze mal, die Einrichtung landet größtenteils in einem Müllcontainer.«

»Das kann ich nicht«, stöhnte ich. »Aber weißt du vielleicht, ob Jelena das Ergebnis der Obduktion schon erfahren hat?«

»Nein, so schnell geht das bestimmt nicht! Und du brauchst nicht beim Entrümpeln zu helfen, fünf starke Frauen sind genug. Wenn wir zu viele sind, treten wir uns bloß gegenseitig auf die Füße, das heißt: *Too many cooks in the kitchen!*«

»Meinst du denn im Ernst, dass Jelena noch Wertgegenstände findet? Schließlich lebte der Hase von Arbeitslosengeld.«

»Keine Ahnung, könnte mir eigentlich egal sein. Andererseits wollte ich schon immer mal ein verschollenes Fabergé-Ei aus dem Zarenschatz aufstöbern. Soll ich dir etwas Hübsches mitbringen? Hast du nicht eine Schwäche für antike Löffelchen?«

Die Vorstellung von russischen Kleinodien aus Gold und Emaille ließ mich aufhorchen und umschwenken.

»Wenn ich wieder fit bin, werde ich euch selbstverständlich unterstützen. Habt ihr bereits einen Termin vereinbart?«

»Nein, aber es geht wohl nur an einem Wochenende. Und dabei fällt mir ein, dass Heide beim Räumkommando fehlen wird, weil sie wahrscheinlich auf Jelenas Zwillinge aufpassen muss.«

Als ich wieder allein war, fiel mein Blick auf die Giftpflanzen am Fenster. Anscheinend hatte ich sie tagelang nicht gegossen, denn sie sahen noch elender aus als all die armen Kräutlein, die ich bisher fotografiert hatte. Was war ich doch für eine herzlose Person, die selbst wehrlose Pflanzen umbrachte! Mein Plan, im nächsten Jahr die Schaufenster der Apotheke mit Fotos von heilsamen sowie giftigen Gewächsen zu dekorieren, gefiel mir plötzlich gar nicht mehr, und meine Chefin würde mich sowieso nicht wieder darauf ansprechen. Kurz entschlossen schnappte ich mir die welken Pflanzen, packte sie auf eine alte Zeitung und zerstückelte sie mit einer Schere in winzige Schnipsel. Die kleinsten Partikel spülte ich in die Toilette, die größeren stopfte ich zu den Bioabfällen. Nach dieser Tat legte ich mich halbwegs zufrieden wieder ins Bett, denn ich hatte hiermit ja auch das Corpus Delicti beseitigt. Doch als ich am nächsten Tag die leeren Pflanzgefäße im Hausmüll entsorgen wollte, musste ich eine ungute Entdeckung machen. Auf allen Plastiktöpfen klebte noch das Etikett mit der botanischen Bezeichnung, doch der leere Kübel für den Eisenhut fehlte. Und ich konnte mich leider nicht daran erinnern, ob ich die wichtigste Staude überhaupt vernichtet hatte. Doch wo war sie stattdessen geblieben? Ich beschloss, diese bange Frage vorerst zu verdrängen.

An einem düsteren Samstag fuhren wir schließlich zu fünft nach Mannheim. Ich hatte vorgeschlagen, Yves ebenfalls einzuspannen, aber Franzi war strikt dagegen. »Er ist ein Büchernarr mit feingliedrigen Fingern, der taugt nicht zum Packesel. Nein, unsere Expedition bleibt eine reine Frauensache.«

Obwohl mir davor grauste, den Ort böser Erinnerungen erneut zu betreten, war ich trotz aller Ängste gespannt auf das Abenteuer. Ich war mir sicher, dass die Voyeurin Corinna die ganze Aktion nicht aus purer Nächstenliebe angezettelt hatte, sondern aus Neugier. Neben mir im Wagen saß bloß Franzi, während Corinna ihre Kollegin Eva und als Hauptperson die aufgeregte, schwarz gekleidete Jelena mitgenommen hatte. Wir parkten in einer Tiefgarage, von wo es glücklicherweise nicht mehr weit bis zum Ziel war. Mit leeren Kartons, Rollkoffern und Müllsäcken bewaffnet, betraten wir schließlich gemeinsam das Mehrfamilienhaus, Jelena besaß inzwischen die Schlüssel.

Der erste Eindruck war ein olfaktorischer: Die Wohnung von Andreas Haase stank, und zwar so grauenhaft, dass man trotz der Kälte alle Fenster aufreißen musste. In weiser Voraussicht hatte ich zwei Sprayflaschen mit Geruchsvernichter und ein bewährtes Desinfektionsmittel aus meiner Apotheke mitgenommen. Trotzdem bereute ich bereits meine geheuchelte Hilfsbereitschaft und überlegte, wie ich einen Migräneanfall vortäuschen und mich aus dem Staub machen könnte. Aber dafür war es wohl schon zu spät, denn Corinna übernahm das Kommando. Jelena sollte sich den Schreibtisch vorknöpfen, Akten und persönliche Papiere sichten, sortieren, eventuell gleich zerreißen oder zum Mitnehmen bereitlegen. Gemeinsam mit Eva wollte Corinna das Schlafzimmer ausräumen, noch brauchbare Klamotten und Schuhe als Spende fürs Rote Kreuz in Säcke stopfen, ebenso Bettwäsche und Handtücher. Franzi und ich sollten uns die klebrige Küche vornehmen. Für größere Möbel war zum Glück eine Firma vorgesehen, und die Entrümplungsprofis würden auch Gardinenstangen, Lampenfassungen oder Ähnliches entfernen und Nägel aus der Wand ziehen.

Natürlich war es Ehrensache, gefundene Wertgegenstände sofort an Jelena weiterzureichen. Und so geschah es auch schon bald, denn aus dem Schlafzimmer ertönte der Ruf: »Wir haben was!«

Natürlich eilten alle sofort herbei. In einer Kommodenschublade hatte Eva eine Schachtel entdeckt, die mit Zähnen gefüllt war. Unübersehbar war das eingelagerte Gold, das von Zahnärzten und Dentallaboren für Füllungen und Kronen verwendet worden war.

»Das haben Kunden vielleicht mal bei Andreas in Zahlung gegeben«, mutmaßte Jelena, »aber ob dieses Gold überhaupt einen Wert hat? Immerhin hat er es aufgehoben und bisher nicht angerührt. Ich werde das Kästchen auf alle Fälle mitnehmen.«

»Ich finde eine solche Sammlung ziemlich gruselig«, sagte Corinna. »Es erinnert mich an schreckliche Bilder aus der Nazizeit. Andererseits gibt es einen harmlosen Grund für diese Kollektion, denn Amalgam gilt inzwischen als giftig. Deshalb zahlen viele Leute den Preis für Edelmetall. Wenn schließlich eine Zahnprothese fällig wird, heben sie die überflüssig gewordenen Beißer wegen der Goldfüllung natürlich auf.«

Nach dieser Unterbrechung begaben sich alle wieder an ihren Arbeitsplatz und hofften, ebenfalls einen Schatz zu entdecken. Franzi kam mir zuvor, als sie die unterste Schublade des altmodischen Küchenbüffets öffnete, ein riesiges Ei hervorzog und einen leisen Pfiff ausstieß. »Ei, ei, ei, das hat wohl kein Kuckuck ins Nest gelegt, das stammt vom Vogel Strauß«, sagte sie leise. »Willst du es haben?«

Ich überlegte kurz. Nein! Silber, Edelsteine, Gold und Elfenbein hatten eine Chance, aber so ein Kaventsmann aus Kalk eher nicht. Doch bald darauf war ich die Glückliche, die auf einem Haufen von Serviettenringen und Messerbänkchen etwas funkeln sah und triumphierend ein sogenanntes Bettelarmband hervorzog. Verschiedene Miniaturen von Gebäuden baumelten an einem Reif, ich erkannte eine Pyramide, den schiefen Turm von Pisa, ein Minarett und die Freiheitsstatue.

Franzi schaute mir über die Schulter und staunte. »Behalten?«, flüsterte sie. Ich zögerte kurz. Schmuck passte ebenfalls nicht in meine neue Sammlung, außerdem hatte ich ja bereits Jelenas Ring durch legalen Tausch erhalten. Also konnte ich mich getrost als integre Freundin erweisen. »Viel zu wertvoll«, flüsterte ich zurück und rief laut: »Kommt mal in die Küche und entscheidet, ob alles, was glänzt, auch wirklich Gold ist …«

Jelena kannte sich ein wenig aus, nahm eine Lupe und fand einen Prägestempel. »Toll!«, rief sie, »der heutige Aufwand hat sich bereits gelohnt! Auf der Punze steht 750, mehr geht bei Schmuck überhaupt nicht!«, und sie umarmte mich glückstrahlend.

Doch ihre Freude sollte nicht lange währen, denn schon eine halbe Stunde später klingelte es an der Wohnungstür. Als ich öffnete, standen drei junge Frauen vor mir. Sie stellten sich höflich vor, hießen Hülya, Ilknur und Fatmana und hätten gesehen, dass in der Wohnung Licht brenne. Seit Tagen hätten sie versucht, jemanden zu erreichen, aber seit dem tragischen Todesfall sei wohl nur die Polizei hier gewesen. Die drei Schwestern wohnten im Nebenhaus und kannten den Uhrmacher schon lange. Er sei immer freundlich und hilfsbereit gewesen und hätte angeboten, die defekte alte Uhr ihres Vaters zu reparieren, wofür er kein Geld annehmen wollte. Schließlich hatte ihn Fatmana gefragt, ob er mit seinen filigranen Werkzeugen auch ein Schmuckstück ausbessern könne, weil bei ihrem Armreif eine kleine Öse abgefallen war. Nachdem Herr Haase ihren Vater auf der Straße getroffen und ihm gesagt habe, sie könne ihr Armband jetzt wieder abholen, habe sie es mehrmals vergeblich versucht. Irgendwann sei ihr der strenge Geruch im Flur aufgefallen, und sie habe die Hausverwaltung informiert. Jelena hörte aufmerksam zu, ließ sich das Schmuckstück ganz genau beschreiben und rückte es dann ungern wieder heraus. Die Schwestern verließen uns unter Dankesbezeugungen, aber schon eine Stunde später stand Fatmana wieder vor der Tür.

»Ihr solltet mal Pause machen«, sagte sie. »Ich habe alles für einen kleinen Imbiss mitgebracht.«

Schon befreite sie den Küchentisch von allerhand Krimskrams, wischte ihn sauber, setzte Wasser auf, verteilte Teegläser und stellte eine Schale mit Gebäck – Baklava mit Honig und Nüssen – in die Mitte. Kurz darauf versammelten wir uns zu einer türkischen Teestunde und lobten Fatmana für ihre freundliche Einladung. Sie wiederum konnte nicht aufhören, den Verstorbenen als guten Nachbarn und hilfsbereiten Freund zu preisen, was für die Klubschwestern wohl ein ganz neuer Aspekt war, während ich es überhaupt nicht hören mochte. Sicher war es nur Fatmanas Höflichkeit zuzuschreiben, dass sie über einen Toten nichts als Gutes sagen wollte. Als wir nach einer guten Stunde wieder unter uns waren, meinte Jelena: »Es tat mir gut, dass sich Andreas anscheinend auch mal von seiner netten Seite gezeigt hat. Er war eigentlich kein schlechter Mensch, sonst hätte ich es nicht jahrelang mit ihm ausgehalten. Der Alkohol war es, der ihn ins Negative verändert hat …«

»Wir sollten uns wieder an die Arbeit machen«, unterbrach ich leicht gereizt ihre Rede, »sonst werden wir an diesem Wochenende niemals fertig.«

Franzi traute sich aber, noch eine wichtige Frage zu stellen: »Weiß man eigentlich schon, woran dein Ex gestorben ist?«

Jelena zuckte mit den Achseln. »Ist eigentlich unwichtig, aber man sagte mir, er sei erstickt, und zwar an Erbrochenem. Also letzten Endes an seiner Trunksucht.«

Da von Gift keine Rede war, hörten sich ihre Worte für mich beruhigend an, und wir machten uns alle unverzüglich wieder an die Arbeit. Es wurden an diesem Tag allerdings keine weiteren interessanten Funde gemacht.

Es war zwar erst sieben, aber ich war trotzdem schon müde und froh, endlich wieder nach Hause zu können. Am nächsten Morgen wollten wir uns bereits um neun Uhr treffen, um möglichst bald mit der lästigen Arbeit fertig zu werden. Im Treppenhaus begegnete ich Yves.

»Fatiguée?«, fragte er, die Erschöpfung stand mir wohl ins Gesicht geschrieben. Ich nickte matt.

»Na komm rein, du frierst, und draußen war es heute ziemlich scheußlich. Kommst du jetzt erst von der Arbeit? Ich werde gleich mal Wasser aufsetzen«, sagte er freundlich, »eine Tasse Tee kann Wunder wirken!«

Diesmal folgte ich ihm in die Küche, die ich bisher noch nie betreten hatte. Seine Wohnung war wohl ähnlich wie meine eigene aufgeteilt – bestand also aus einem winzigen Bad, der Küche und zwei kleinen Zimmern mit schrägen Wänden. Yves schien es ein wenig peinlich zu sein, dass ich nun Einblick in einen weiteren Ort seines Schaffens bekam.

»Du kennst zwar schon den Steinbruch in meinem Wohnzimmer«, sagte er entschuldigend, »hier siehst du nun den zweiten. Mit anderen Worten: In deinen Augen bin ich vermutlich ein Messie.«

Ja, das konnte man durchaus so sehen. In der Küche war tagelang nicht abgewaschen, geschweige denn geputzt und aufgeräumt worden. Da war Andreas Haase fast noch ordentlicher gewesen, das

Klischee vom schlampigen Junggesellen traf jedoch auf beide zu. Aber ich sagte natürlich nichts, sondern ließ mich auf dem einzigen Stuhl nieder und beobachtete, wie Yves am Herd hantierte. Zufällig streifte mein Blick auch die Fensterbank. Kaum wollte ich meinen Augen trauen, als ich dort einen einsamen Blumentopf entdeckte. Ich sprang auf, näherte mich mit einem schrecklichen Verdacht und las fassungslos die Beschriftung auf dem kleinen Schildchen: *Aconitum napellus.*

»Woher hast du diese Pflanze?«, fragte ich entsetzt.

»Na, von dir! Als du krank warst, stand das Blümchen halbverwelkt auf deinem Fensterbrett, da habe ich mich erbarmt. Und es ist mir ganz ohne grünen Daumen tatsächlich gelungen, dein Küchenkraut wieder aufzupäppeln. Wenn du meinen Matcha leid bist, kann ich uns den Tee auch damit bereiten!«

Er näherte sich dem Blumentopf, zupfte ein Blättchen ab und las laut: »A-co-ni-tum. Was heißt das denn auf Deutsch?«

Ich wurde blass. »Pfoten weg!«, stammelte ich, »das ist Eisenhut, eine reine Zierpflanze und nicht zum Verzehr geeignet! Am besten, ich nehme ihn gleich wieder mit.«

Einerseits war ich völlig fertig bei der Vorstellung, dass mir Yves beinahe einen tödlichen Trank bereitet hätte. Andererseits war ich aber auch stolz auf meine Ausdrucksweise. Ich hatte das Wort *Gift* vermieden und somit keinen Verdacht bei meinem Gastgeber erregt. Danach achtete ich mit Argusaugen darauf, dass Yves wirklich nur Matcha Tee aufgoss, den wir dann gemeinsam in seinem ungemütlichen Wohnzimmer schlürften.

Am Sonntag ging es weiter mit unseren Räumungsarbeiten. Bisher hatte ich leider keine Trophäe einsacken können, denn die Bestecke, insbesondere die kleinen Löffel, waren alle aus Edelstahl und ohne Verzierungen. Meine Motivation ließ immer mehr nach, zumal Saubermachen nicht gerade zu meinen Lieblingsbeschäftigungen gehörte. Auch Jelena schien noch nicht auf einen wertvollen Schatz gestoßen zu sein. Wie gestern saß sie am Schreibtisch, blätterte in Akten, zerknüllte oder zerriss Papiere und legte immer wieder den einen oder anderen Schnellhefter in den Umzugskarton. Plötzlich stieß sie einen so entrüsteten Schrei aus, dass wieder alle – erfreut über die Unterbrechung – herbeieilten.

Jelena hielt einen kleinen Zettel in die Höhe und rief: »Unerhört! So etwas hätte ich am Allerwenigsten erwartet!«

Corinna nahm ihr das Papier aus der Hand und las vor: *Du warst anscheinend noch nicht zu Hause, komme später noch mal vorbei. Love: Franzi*

18

Die falsche Schlange

Erschrocken starrten alle auf meine fassungslose Freundin.

»Lief da etwas mit Andreas Haase?«, fragte Eva rundheraus und stieß Franzi den spitzen Zeigefinger in den Magen.

Die Beschuldigte reagierte wütend.

»Spinnst du?«, keifte sie. »Oder bist du mit einer besonders schmutzigen Fantasie gesegnet?«

»Es kann sich doch nur um eine Verwechslung handeln«, versuchte ich zu schlichten, »sie ist ja nicht die einzige Franzi auf der Welt!«

»Bist du sicher, dass es nicht deine Schrift ist?«, fragte jetzt Corinna und hielt Franzi den Papierfetzen unter die Nase.

Meine zornige Freundin starrte mit gerunzelter Stirn auf den Wisch. »Könnte schon sein, dass ich das geschrieben habe«, gab sie schließlich zu. »Wenn ich Nina am Handy nicht erreichen konnte, habe ich ihr hin und wieder eine kurze Nachricht auf die Fußmatte gelegt …«

Ein paar Sekunden lang war es still, alle dachten nach. Schließlich meinte Jelena: »Franzi, ich glaube dir, du gehörst nicht in sein Beuteschema. In den Wolkenbildern habe ich Andreas immer nur in Gesellschaft von blutjungen Teenagern gesichtet. – Aber wie mag dieser Zettel bloß hierhergekommen sein?«

»Das weiß ich wirklich nicht«, sagte Franzi ratlos.

Aber ich erinnerte mich dunkel, dass ich den Papierfetzen vor einiger Zeit vor meiner Tür aufgelesen, achtlos in die Handtasche gesteckt und wahrscheinlich vergessen hatte, ihn zu entsorgen. Später hatte Andreas Haase meine Tasche im Hermannshof gefunden und aus unbekannten Gründen das abgerissene Papierstückchen in seinem Schreibtisch verwahrt. Als ich die Tasche mit den wichtigen Dokumenten endlich wieder zurückhatte, war mir natürlich nicht aufgefallen, dass dieser winzige und völlig belanglose Schnipsel fehlte.

Wenn ich aber nun andeutete – auch zu Franzis Entlastung –, auf welchem Weg das Corpus Delicti hierhergekommen sein könnte, dann musste ich natürlich auspacken. Bisher wussten weder Jelena noch die anderen Klubschwestern von unseren dramatischen Begegnungen mit Andreas Haase, ja sie ahnten nicht einmal, dass wir ihn überhaupt kannten. Die erste unangenehme Auseinandersetzung hatte es gegeben, als ich meine Tasche bei ihm abholen wollte. Als er aufdringlich wurde, hatte ich ihn weggestoßen, Franzi war mir zu Hilfe gekommen, und wir hatten den ohnmächtigen Mann blutend am Boden liegen lassen und überdies sein Handy konfisziert. Das war aber nur der Anfang, es folgten der Treppensturz, das Aussetzen des Hilflosen in einer kalten Nacht im Freien und schließlich der Giftanschlag. Zwar hätte ich jetzt am liebsten reinen Tisch gemacht und alle unsere Sünden gebeichtet, doch es war gefährlich, auch nur ein Sterbenswörtchen über unsere grausamen Auseinandersetzungen zu verraten.

»Ich erinnere mich jetzt vage, dass ich den Zettel im Schlosspark verloren habe«, begann ich eine umständliche Lügengeschichte. »Er steckte noch in meiner Hosentasche und muss, als ich nach einem Hustenbonbon kramte, herausgerutscht und wohl in ein Blumenbeet geweht sein. Wahrscheinlich hat ihn Jelenas Mann gefunden, als er mit den Kindern auf dem Spielplatz war ...«

»Auch wenn Zufälle oft rätselhaft sind, kommt mir diese Möglichkeit völlig abwegig vor«, meinte Eva und musterte Franzi kritisch. »Warum sollte ein Spaziergänger ein belangloses Papierchen einstecken und zu Hause bei seinen Bürounterlagen aufbewahren? So etwas tut man doch nur, wenn es eine Bedeutung hat. Wahrscheinlich kanntet ihr euch nur allzu gut, gib es zu, Franzi!«

Derart in die Zange genommen, wurde meine Freundin ein wenig rot.

»Vielleicht hatte er uns Klubmitglieder beim Picknick im Park heimlich beobachtet. Aber meinerseits weiß ich noch nicht mal, wie Andreas Haase aussieht – beziehungsweise aussah …«

»… und das weiß von uns allen sowieso nur Jelena«, meinte ich, um Franziska beizustehen.

»Nein«, widersprach Corinna, »Eva und ich haben ihn mal auf dem Spielplatz gesehen. Wir haben ihn an den Kindern erkannt und ihn unsererseits ein wenig unter die Lupe genommen, natürlich unbemerkt und aus sicherer Entfernung.«

Eva grinste nur hinterhältig, und es war offensichtlich, dass sie Franzi kein Wort glaubte. Mir wurde auf einmal klar, dass ich diese falsche Schlange noch nie gemocht hatte. Eva hatte meistens ein künstliches Lächeln aufgesetzt, ihr längliches Gesicht zog sich dadurch nur wenig in die Breite. Das halblange blonde Haar war absichtlich ein wenig zerzaust, weil die Turnlehrerin wohl dachte, sie wirke dadurch besonders jugendlich. Aber ihr Äußeres war es natürlich nicht, was mich störte, es war eher ihr undurchsichtiger Charakter. Mit anderen

Worten: Ich traute ihr nicht über den Weg. Warum die grundehrliche Corinna ausgerechnet mit dieser Kollegin befreundet war, hatte ich sowieso nie verstanden.

Jelena war es, die die gereizte Situation entschärfte. »Lassen wir das, ich bin mir sicher, dass es sich um einen blöden Zufall handelt. Wir sollten jetzt zügig weitermachen, damit wir heute noch fertig werden. Außerdem wartet Heide darauf, dass ich sie vom Babysitten erlöse.«

Das taten wir denn auch, allerdings gab es keine großen Überraschungen mehr, weder befremdliche noch erfreuliche wie zum Beispiel einen Goldschatz. Zum Dank lud uns Jelena schließlich in einem nahegelegenen Schnellimbiss ein, damit wir nicht hungrig nach Hause fahren mussten. Sie konnte allerdings nicht verhindern, dass Corinna hinter ihrem Rücken die Rechnung bezahlte.

Erst auf der Heimfahrt konnte ich mit Franziska ungestört reden. Fast gleichzeitig sprudelten wir los: »Eva ist eine falsche Schlange!«

Und Franzi legte noch nach: »Allein die Vorstellung, ich könnte Liebesbriefe an den Hasen schreiben, ist einfach nur widerlich! Mit LOVE unterzeichne ich prinzipiell nur bei Frauen, Männer würden es gleich als Aufforderung zum Beischlaf interpretieren!«

»Quatsch«, sagte ich. »Inzwischen schickt man doch allen Freunden und guten Bekannten *liebe Grüße,* ohne dass es etwas mit Sex zu tun hat. Aber was machen wir, wenn Eva nicht lockerlässt?«

»Dann hilft nur eine Tasse Tee«, sagte Franzi. »Ich hoffe, du hast deine Kräutersammlung noch nicht entsorgt für eine *special mixture*!«

»Fast alle sind jetzt weg«, nuschelte ich, denn der Eisenhut war immer noch nicht im Müll gelandet. Um endlich über harmlosere Dinge zu sprechen, wechselte ich abrupt das Thema.

»Übrigens solltest du mal vor der eigenen Tür kehren! Einerseits gibst du ständig mit englischen Vokabeln an, andererseits regst du dich über die französischen Ausdrücke von Yves auf. Wie macht es denn dein Lehrerfreund, hat er ständig ein lateinisches Zitat auf den Lippen? Zum Beispiel: *memento mori* oder *morituri te salutant*? Hast du überhaupt noch private Singstunden bei ihm?«, fragte ich.

»Tatsächlich scheint es ihm genauso viel Spaß zu machen wie mir. Und inzwischen spricht er ganz offen über seinen Status als schwuler Lehrer und fragte mich sogar, ob ich es für richtig halte, die Schüler darüber zu informieren …«

»Sein Privatleben geht doch keinen etwas an«, sagte ich.

»Da sind wir anderer Meinung«, fand Franzi. »Ein offener Umgang sollte bei diesem Thema ganz normal sein. Übrigens hat Ben in den Werken vieler berühmter Komponisten Indizien dafür gefunden, dass sie so ähnlich gepolt waren wie er. Er hat sogar Schubert und Händel in Verdacht!«

Wir schwiegen eine Weile.

»Wahrscheinlich gehört verlorene oder unerfüllte Liebe zu den schmerzlichsten Erfahrungen im Leben«, philosophierte Franzi. »Zwar eine Binsenweisheit, aber es ist nun mal tragisch, wenn das Objekt der Begierde unerreichbar bleibt! Wenn ich betörende Männerstimmen höre, falle ich nach wie vor in eine andächtige Benommenheit.«

»Das muss aufhören«, sagte ich kopfschüttelnd.

Aber Franzi hörte nicht auf, sondern fing stattdessen wieder an, auf Eva zu schimpfen.

»Neulich hat sich eine Schülerin aus der sechsten Klasse bitter über sie beklagt. Zu uns tut Eva immer scheißfreundlich, aber eigentlich ist sie ein *she-devil* und keift die Kinder an. Das altkluge Mädchen zitierte wohl ihre Großmutter: *Die hot e Maul wie e Schlachtschwert.* – Manchmal überlege ich, ob ich nicht doch noch studieren sollte. Ich wäre bestimmt eine bessere Lehrerin als Eva. Aber wer sollte es bezahlen, wenn ich noch mal zur Uni ginge? Meine Eltern würden sich bedanken, Bafög kriegt man sicher auch nicht mehr, wenn man bereits einen anständigen Beruf hat …«

Schließlich hatten wir unser Ziel erreicht, der Marktplatz strahlte jetzt in adventlicher Beleuchtung. Beide waren wir etwas geschafft von der stundenlangen Räum- und Putzarbeit. Außerdem war ich frustriert, weil ich in Mannheim keinen Zarenschatz eingesackt hatte, sondern nur ein niedliches Kämmchen aus dem Badezimmer; Franzi war wiederum über Evas Anschuldigung sehr verärgert.

Als ich meine Tür aufschließen wollte, lag ein kleiner Gegenstand auf der Fußmatte: eine Zellophantüte mit Plätzchen. Diesmal war es Yves, der auf einen Zettel gekritzelt hatte: *Kein Herriko! Diamants à la vanille, von meiner Mamie gebacken.* Sofort steckte ich ein Plätzchen in den Mund, es schmeckte ausgezeichnet, ähnlich wie der deutsche *Heidesand* meiner eigenen Oma. Apropos, bald war Weihnachten, meine Eltern wollten wissen, ob sie mit meinem Besuch rechnen konnten, und ich hatte ihnen bisher noch nicht geantwortet. Bei unserem gemeinsamen Imbiss hatten gerade alle Klubschwestern darüber gesprochen, was sie sich für die Feiertage vorgenommen hatten. Corinna flog wie immer nach La Palma, um dem hiesigen Rummel aus dem Weg zu gehen und Sonne zu tanken. Von

Heide war bekannt, dass sie mit ihrem Freund nach Sylt reiste, wo dessen Eltern ein kleines Hotel besaßen. Jelena hatte nur wenige freie Tage, die sie natürlich mit ihren Söhnen zu Hause verbringen würde, für Reisen hatte sie kein Geld. Eva, die Schlange, klagte über den zu erwartenden Besuch ihrer Schwiegereltern. Last not least war Franzi von ihrem Bruder überredet worden, mit Vettern und Kusinen in Österreich Ski zu fahren. Als Schulsekretärin hatte sie das Glück – wie auch die beiden Lehrerinnen –, bis zum achten Januar Ferien zu haben. Jelena und ich hatten es in dieser Hinsicht viel schwerer, zwar hatten wir an den gesetzlichen Feiertagen natürlich auch frei, aber direkt davor und danach gab es sowohl im Supermarkt als auch in der Apotheke besonders viel zu tun.

Deswegen hatte ich wenig Lust, wie jedes Jahr zu meiner Familie zu fahren, um dort in der Küche zu helfen. Seit meine Schwester Kinder hatte, drehte sich sowieso alles nur um die beiden Kleinen. Vielleicht sollte ich mir Tante Karins lebensechte Puppe leihen, um meine Eltern wenigstens ein paar Sekunden lang mit einem Baby zu erschrecken. Doch wahrscheinlich wussten sie längst über Karins wunderliches Hobby Bescheid und würden sich nur an die Stirn tippen. Noch standen mir allerdings zwei arbeitsreiche Wochen bevor, in denen sich unsere Kunden mit Vorräten eindecken wollten, um für Bauchweh und Erkältungen gerüstet zu sein. Leider ging das Theater am zweiten Januar von neuem los, weil bestimmt etwas vergessen wurde, weil man nicht die richtigen Medikamente gebunkert hatte oder Geschenke wie zum Beispiel Blutdruckmessgeräte umgetauscht werden sollten. Hin und wieder überlegte auch ich, ob ich den falschen Beruf gewählt hatte.

Ein paar Tage später ließ sich Franzi wieder bei mir blicken, aus irgendwelchen Gründen waren wir uns ein wenig aus dem Weg gegangen.

»Heute hat mich Eva in der großen Pause aufgesucht. Als wir ungestört im Büro waren, hat sie finstere Andeutungen gemacht …«

»Etwa immer noch wegen deiner angeblichen Liebschaft mit Andreas Haase?«

»Irgendwie schon. Folgende Geschichte bekam ich zu hören: Vor einigen Wochen setzte sich Eva nach einem Kneipenbesuch in ihren Wagen und wollte gerade losfahren, als sie zufällig mitbekam, wie wir den betrunkenen Hasen auf den Parkplatz schleppten und in dein Auto bugsierten. Aus purer Nächstenliebe hätte sie ihre Beobachtung aber für sich behalten, um die geplagte Jelena nicht mit Hiobsbotschaften zu quälen!«

»Und warum rückt sie jetzt damit heraus?«

»Ich glaube, sie will uns erpressen. Ob ich nicht eine Idee hätte, wie man ihrem Mann einen kleinen Denkzettel verpassen könne. Du als Pillendreherin hättest doch sicher gute Möglichkeiten, um die Leute nicht nur gesund, sondern auch ein bisschen krank zu machen. Ich versuchte natürlich abzustreiten, dass wir es gewesen sind, die sie auf dem Parkplatz gesehen hat. Aber sie war sich ihrer Sache sehr sicher.«

»Und nun?«

»Die Pause war zu Ende, sie musste wieder in die Turnhalle, nach Schulschluss habe ich sie nicht mehr gesehen. Aber glaub mir, das Problem ist noch nicht gelöst …«

Wir seufzten synchron, dann unterhielten wir uns ausführlich über Evas Mann. Ja, er war zu dick, zu faul, zu langweilig und passte nicht zu seiner sportlichen Frau. Außerdem war er eifersüchtig, ließ Eva ungern aus den Augen und wäre am liebsten als einziger Mann Klubmitglied geworden. Wir konnten uns vorstellen, dass sie ihn gern loswerden wollte. Etwa durch Mord? Aber ging das heutzutage nicht bequemer durch eine stinknormale Scheidung? Zumal sie weder Kinder hatten noch stinkreich waren.

»Hat sie mich wirklich Pillendreherin genannt?«,

fragte ich. »Im Mittelalter hätte man mich sicher für eine Hexe gehalten, die mit böser Magie arbeitet und mit dem Teufel im Bunde steht. Die Tollkirsche heißt im Volksmund auch Teufelskirsche, der Fingerhut Teufelshut, der Schierling Teufelspetersilie und der Eisenhut Teufelswurz.«

»Was du nicht alles weißt! Damals wärst du mit Sicherheit auf dem Scheiterhaufen gelandet«, sagte Franzi. »Aber lebenslänglich für Mord ist auch keine schöne Aussicht. Nebenbei bemerkt – seit wann legst du einen Kamm mitten auf den Küchentisch?«

»Weil ich das gute Stück vorsichtig desinfizieren möchte. Gefällt es dir? Ich habe ein bisschen recherchiert, es ist ein Zierkamm, den sich die japanischen Damen als Krönung in die fertige Frisur steckten. Keine Ahnung, wie der Hase zu so einem niedlichen Gegenstand gekommen ist. Das Material ist anscheinend Schildpatt, mit Gold und Farblack verziert. Eigentlich fast noch hübscher als meine antiken Löffel …«

»Na siehst du«, sagte Franzi. »Unsere Expedition war nicht völlig für die Katz. Alle anderen Probleme werden wir sicherlich auch noch lösen. Übrigens – wenn ich mir deinen Kamm so anschaue, kommt mir ein Märchen in den Sinn. War es nicht Schneewittchen, das von der bösen Stiefmutter mit einem vergifteten Kamm bearbeitet wurde? Wäre das theoretisch möglich?«

»Der russische FSB könnte es bestimmt hinkriegen«, meinte ich. »Aber für uns und erst recht für Eva ist es eine Nummer zu groß. Wenn ich dich richtig verstanden habe, will sie ihrem heiß geliebten Mann ja nur einen bösen Streich spielen. Warum redest du gleich von Mord und Totschlag ...«

»Stimmt eigentlich, sie sprach ja nur von einer guten Idee, ihm einen Denkzettel zu verpassen. Wenn ich mir die Situation auf dem Parkplatz so vorstelle, dann frage ich mich allerdings, warum sie überhaupt ohne ihren Mann noch so spät unterwegs war? Ich möchte fast wetten, dass sie ihn betrügt!«

»Vielleicht sollten wir sie unsererseits ein wenig observieren. Wenn wir sie mit einem Lover erwischen, können wir sie ja ebenfalls erpressen. Aber ehrlich gesagt, habe ich wenig Lust, Abend für Abend vor ihrem Haus herumzulungern.«

»Das braucht man vielleicht gar nicht«, sagte Franzi. »Eva war auf der letzten Klassenfahrt zusammen mit einem Kollegen im Schullandheim. Dieser Biolehrer ist bekannt dafür, dass er nichts anbrennen lässt. Etwa vor einem Jahr wurde der Mario im Kollegium durch eine peinliche Geschichte zur Witzfigur. Seine Frau hat sich nach einem Streit im Auto den Zündschlüssel und sein Handy geschnappt und die Tür des Fiat Punto von außen verrammelt. Dadurch war die Bordelektronik abgeschaltet. Er war stundenlang gefangen, bis ihn ausgerechnet ein Kollege entdeckte. Na ja, die Geschichte machte natürlich sofort die Runde und sorgte für Schadenfreude …«

»Sehr nett!«, sagte ich begeistert. »Wenn ich mich richtig erinnere, ist Eva bei unseren Klubtreffen immer als Erste und relativ früh gegangen. Bestimmt wollte sie mit ihrem Mario noch irgendwo eine flotte Nummer schieben. Und jetzt plant sie, ihren fetten Mann in den kommenden Ferien ein bisschen ruhigzustellen, damit er ihr bei solchen Ausflügen nicht nachschleichen kann. Eigentlich brauchen wir kein schlechtes Gewissen zu haben, wenn wir sie unsererseits auflaufen lassen. Wie heißt es so schön? *Wer einen Betrüger betrogen, dem ist der Himmel gewogen!*«

19
Der Wangenkuss

Als ich meine Eltern am dritten Adventssonntag anrief, reagierten sie keineswegs betrübt auf meine Absage.

»Es wäre sowieso an Weihnachten etwas zu eng geworden«, sagte meine Mutter. »Karin hat sich angekündigt! Wusstest du, dass sie inzwischen ziemlich durchgeknallt ist und allen Ernstes eine Babypuppe mit sich herumschleppt?«

»Davon habe ich bereits gehört«, sagte ich.

»Papa hat eine lustige Idee«, fuhr meine Mutter fort und kicherte, »wir werden deiner Tante ein Geschenk für ihr Baby unter den Baum legen, nämlich deinen abgewetzten Teddy.«

Daraufhin beendete ich das Gespräch. Anscheinend legte man keinen Wert auf meine Anwesenheit und hatte tatsächlich vor, mein heißgeliebtes Bärchen einer Puppe zu überlassen. Hielten es meine Eltern etwa für ausgeschlossen, dass ich eine Familie und Kinder haben könnte? Doch auch ich hatte solche Pläne bisher weitgehend verdrängt.

Was hatte Yves eigentlich an Weihnachten vor? Es wäre doch naheliegend, wenn wir Einzelgänger uns zusammentäten und gemeinsam feierten. Nachdem ich mir das Szenario in rosigen Farben ausgemalt hatte, gab ich mir einen Ruck, wickelte die sechs Zimtsterne meiner Kollegin Ines in eine Papierserviette und klingelte mit diesem Gastgeschenk bei Yves.

Wie immer musste er erst einmal einen Bücherstapel von einem Stuhl räumen, aber im großen Ganzen sah es etwas ordentlicher aus als bisher. Die Plätzchen seiner Oma hätten ausgezeichnet geschmeckt, sagte ich, am liebsten würde ich das französische Rezept einmal ausprobieren. Es sei bestimmt im Internet zu finden, meinte er, aber er besitze auch ein französisches Kochbuch, das sei nostalgisch und außerdem haptischer. Aber er wisse im Augenblick nicht, wo er dieses Buch abgelegt habe, und mache sich ernstlich Sorgen um sein nachlassendes Gedächtnis.

»Man kann nicht alles speichern«, sagte ich tröstend, »aber es gibt ja auch gezielte Übungen für eine bessere Merkfähigkeit.«

Plötzlich war Yves wieder in seinem Element, fand das *Goldene Familienbuch* auf Anhieb und las vor:

Schwaches Gedächtniß zu stärken:
Die Anwendung des kalten Wassers zeigt sich
hier wahrhaft specifisch. Man wasche alle Mor-
gen mit recht frischem, eben erst geschöpftem
Wasser Stirn, Augen, Nacken und Unterleib
und man wird sehr bald die überraschendsten
Resultate gewahren.

»Hast du es schon ausprobiert?«, fragte ich.

»Ab Montag werde ich mein Waschwasser aus dem Marktplatzbrunnen schöpfen«, versprach Yves.

Um endlich zur Sache zu kommen, stellte ich übergangslos die Gretchenfrage: »Wirst du Weihnachten bei deiner Familie verbringen?«

Das wisse er noch nicht, sagte Yves, er könne ganz gut auf das dortige Brimborium verzichten, müsse sowieso noch einen längeren Artikel über Mopsfledermäuse und Gelbbauchunken im Weinheimer Steinbruch schreiben und habe keine Weihnachtsferien wie ein Schulkind. Ich nickte, denn es ging mir ja nicht anders. Zaghaft schlug ich also vor, am Heiligabend gemeinsam zu kochen, allerdings lieber nach einem Rezept aus dem französischen Kochbuch als aus dem Goldenen Familienratgeber.

»Du wirst es nicht glauben, aber in Frankreich

isst man am 24. Dezember oft im Restaurant«, erzählte Yves. »Beim Savoir-vivre geht es ja nicht um Besinnlichkeit, sondern um Genuss und Vergnügen. In meiner Familie wird allerdings immer Canard à l'orange aufgetischt, ein Kompromiss zur Gans, der mein konservativer deutscher Papa wohl immer noch nachtrauert.«

»Sollen wir uns todesmutig an eine Ente heranwagen?«, fragte ich, denn bis jetzt hatte Yves weder ja noch nein zu meinem Plan gesagt. Er sah mich prüfend an.

»Vielleicht«, sagte er und wurde so schweigsam, dass ich mich lieber wieder verabschiedete. Was sollte ich mit dem angebrochenen Abend anfangen? Es war erst acht, unter meiner Wohnung versammelte man sich gerade um einen historisch gekleideten Nachtwächter. Bei einer Altstadtführung im Schein seiner Laterne erfuhren die Touristen alles über Gerber, Henker, Abdecker, Dirnen und brave Bürger, die im Mittelalter hier gelebt hatten. Schon lange hatte ich vor, einmal daran teilzunehmen. Allerdings würde ich eine Zeitreise durch die Fachwerkidylle am liebsten mit Franzi gemeinsam antreten. Als ich die Treppe hinablief, um sie wenigstens zu fragen, hörte ich, wie von unten jemand nach oben stiefelte. Fast synchron trafen Eva und ich vor Franzis Tür ein.

»Anscheinend haben wir das gleiche Ziel!«, rief sie fröhlich. »Franziska wird sich bestimmt als kreativ erweisen, wenn es um die Lösung meines Problemchens geht. Aber vielleicht hast du ja auch eine zündende Idee …«

Als Franzi uns öffnete, zog sie zwar verwundert die Augenbrauen hoch, ließ sich aber ihr Erstaunen sonst nicht weiter anmerken, sondern spielte die höfliche Gastgeberin.

»*Mi casa es tu casa!* Was verschafft mir die doppelte Ehre?«, fragte sie und holte Gläser, Wein und ein Schälchen mit Cashewkernen.

»Der Zufall«, sagte ich.

Eine Weile plauderten wir unverfänglich, fragten uns zum Beispiel, ob man die Klubtreffen nächstes Jahr im gleichen Rhythmus beibehalten sollte, dann ging es endlich zur Sache. Eva erzählte nun auch mir, wie sie uns mit dem betrunkenen Andreas Haase auf dem Parkplatz beobachtet habe und sich deswegen sehr sicher sei, dass Franzi ein Verhältnis mit Jelenas Partner gehabt hätte. Aber sie könne natürlich dichthalten, wenn wir ihr auch ein wenig unter die Arme greifen würden – indem wir ihren Mann zum Beispiel zu einem Rendezvous oder einem kleinen Techtelmechtel verführten oder ihn durch ein taugliches Mittel gelegentlich außer Gefecht setzten.

Eine Affäre mit ihrem dicken Mann anzuzetteln sei eine allzu große Zumutung, erklärten wir beide und versuchten, die Angelegenheit als Scherz abzutun. Doch dann drehte Franzi den Spieß um und machte eine boshafte Bemerkung über den Biolehrer Mario und dass sie ebenfalls über Insiderwissen verfüge. Eine aufmerksame Schülerin habe während des Schullandheimaufenthalts zufällig gesehen, wie Eva vor Tau und Tag das Zimmer des Biolehrers verließ; die Zwölfjährige habe sich ihr, der Schulsekretärin, anvertraut, aber es sei ihr gelungen, das Mädchen zum Schweigen zu verpflichten. Also sei es wohl am klügsten, auf beiden Seiten Diskretion walten zu lassen. Eva sagte vorerst nichts mehr und schien sich eine neue Taktik zu überlegen.

Doch ich konnte mich jetzt nicht mehr zurückhalten und sagte, ich würde es vehement ablehnen, in irgendeiner Form bei der Ruhigstellung des Ehemannes mitzuwirken. Mit ernster Miene hielt ich einen Vortrag über den hohen moralischen Anspruch, der an die Mitarbeiter einer Apotheke gestellt würde.

»K.-o.-Tropfen, an die du wahrscheinlich denkst, sind in einer Apotheke auf keinen Fall käuflich zu erwerben, das wäre ja noch schöner! Opiate werden gut verschlossen im BTM-Schrank aufbewahrt, abgesehen davon wird über jede Abgabe penibel Buch geführt. Auch an die rezeptpflichtigen Medikamente kommt man nicht ran, ohne dass es auffiele. Wenn du aber an die täglich gesteigerte Dosis eines Schlafmittels denkst, so ist das natürlich auch ohne fremde Hilfe machbar. Du lässt dir einfach von mehreren Ärzten ein Privatrezept ausstellen und löst es bei verschiedenen Apotheken wieder ein. Dadurch käme eine so große Menge zusammen, dass man eine Elefantenherde damit killen könnte. Doch im Ernst, ich hoffe sehr, dass du nicht vorhast, deinen armen Mann einzuschläfern beziehungsweise in die ewigen Jagdgründe zu schicken.«

»Um Gottes willen, was hast du nur für ein schreckliches Bild von mir!«, erregte sich Eva. »Ich dachte nur an eine kleine Unpässlichkeit, damit er mich in meinen wohlverdienten Ferien auch mal allein weggehen lässt.«

»Hat er denn ebenfalls Urlaub genommen?«, fragte Franzi.

»Natürlich, er lässt mir überhaupt keinen Freiraum! Als Singles könnt ihr gar nicht nachvollziehen, wie erdrückend eine solche Tyrannei sein kann.«

»Dann versuch es doch mal mit einem starken Abführmittel«, riet Franzi. »Das kannst du dir problemlos besorgen! Natürlich keine Zäpfchen oder Pillen, sondern Tropfen, die man unauffällig in die Suppe träufeln kann. Wenn du die übliche Dosis kräftig erhöhst, wird er kaum in der Lage sein, dich auf Schritt und Tritt zu verfolgen.«

»Wer sagt's denn, ich wusste doch gleich, dass ihr mich versteht!«, behauptete Eva und hob das Glas. »Prost! Auf gute Zusammenarbeit!«

Anscheinend war sie zufrieden mit dem Ergebnis unserer Beratung und machte sich wieder auf die Socken, mutmaßlich nicht nach Hause.

»Unser Brainwashing war so easy going, dass kein zusätzliches Eva-Bashing mehr nötig war«, stellte Franzi zufrieden fest. Missbilligend wollte ich ihr über den Mund fahren, bis mir aufging, dass sie mich bloß ärgern wollte.

»Very funny unser agreement«, sagte ich, »aber jetzt bin ich spent, lass uns endlich chillen!«

Franzi musste grinsen.

»Kannst du nicht Urlaub nehmen und mit mir nach Österreich fahren? Eine Kusine hat gerade abgesagt, ihr Hotelbett ist wieder frei geworden«, fragte sie. »Mein Bruder hat schon nach dir gefragt, wir wären bestimmt eine lustige Truppe!«

»Leider muss ich zwischen den Jahren und auch am zweiten Januar wieder auf der Matte stehen, meine Kolleginnen haben Kinder, denen steht Urlaub in den Schulferien eher zu als mir. Außerdem kann ich nicht Ski fahren.«

Wir leerten noch eine zweite Flasche, trennten uns unter innigen Umarmungen und begaben uns zufrieden in unsere Betten.

Ein paar Tage später, als ich mir, müde von einem langen Arbeitstag, ein schnelles Abendessen bereiten wollte, klingelte es an der Tür und nicht etwa Franzi, sondern mein Nachbar stand vor mir.

»Möchtest du auch ein Spiegelei auf Toast?«, fragte ich, und mein Gast nickte erfreut. Dann saßen wir am Küchentisch, und Yves referierte über seinen Plan, einen Aufsatz über die zahlreichen Weinheimer Mammutbäume zu schreiben, danach sprach er noch langatmiger über seinen Fledermausartikel. Dabei stellten wir fest, dass wir die flinken Flattertiere beide ins Herz geschlossen hatten.

»Im Augenblick und bis Ende März halten sie Winterschlaf«, sagte Yves und fügte etwas unvermittelt hinzu: »An den tristen Weihnachtstagen würde ich es ihnen am liebsten gleichtun, denn ich will auf keinen Fall zu meiner Familie fahren. – Eigentlich bin ich nur hergekommen, um zu fragen, ob dein Angebot noch steht?«

»Du meinst den Entenbraten?«, fragte ich. »Natürlich, ich freue mich schon darauf. Aber warum willst du eigentlich nicht mit Mama und Papa feiern?«

»Gestern rief mein Vater an, um mich wieder mal mit Vorwürfen zu quälen. Wenn er mich an den Feiertagen dingfest macht, wird es noch viel schlimmer. Dann kann er mich von früh bis spät mit seinen ewigen Vorhaltungen bombardieren. Das muss ich mir wirklich nicht antun.«

»Was hat er denn an dir auszusetzen?«

»Fast alles. Meinen Beruf, mein Leben als Einsiedler, meine Interessen, mein Aussehen. Wenn es nach ihm gegangen wäre, hätte ich Jura studiert und wäre Beamter geworden, möglichst bei einer europäischen Behörde. Schon meine wechselnden Studienfächer waren ihm ein Dorn im Auge. Meine Mutter hält zwar zu mir, auch die liebe Oma, aber das macht die Sache nicht besser. Ich bin dann auch noch am Ehekrieg meiner Eltern schuld …«

»Mir geht es nicht viel besser«, antwortete ich. »Meine Schwester hat zwei kleine Kinder, ist zwar nicht mehr berufstätig, aber trotzdem der Star der Familie. Also sollten wir uns gegen den Rest der Welt zusammentun: das Aschenputtel und der Dummling!«

Yves wusste zwar, dass Cinderella einen Prinzen kriegt, kannte das Märchen von der Goldenen

Gans aber nicht. Ich erklärte ihm, dass der jüngste Bruder, genannt Dummling, schließlich das große Los gezogen und die Königstochter geheiratet habe. Erst als ich mit meiner Erzählung fertig war, wurde mir klar, dass ich einen peinlichen Vergleich bemüht hatte. Ich war alles andere als eine Prinzessin und Yves zwar ein Freak, aber kein Idiot, und eine Märchenhochzeit war für uns beide nicht angesagt. Aber mein Dummling lachte nur, schien meine Anspielung nicht zu begreifen und war vielleicht wirklich ein bisschen naiv.

Zum Dessert konnte ich leider nur ein paar winzige Kekse im Fischli-Format anbieten. Angesichts der stilisierten Meeresbewohner begeisterte sich Yves plötzlich für ein völlig anderes Thema, weil er es für noch interessanter hielt als die Kolonie heimischer Fledermäuse.

»In der Antarktis machten Wissenschaftler des Forschungsschiffs Polarstern eine sensationelle Entdeckung: die weltweit größte Brutkolonie von Eisfischen! Wie gern wäre ich dabei gewesen!«

Ich aber nicht, dachte ich; doch ich bewunderte ihn für sein Allgemeinwissen. Als er schließlich gehen wollte, fragte ich im Tonfall eines neugierigen Kindes: »Es ist bekannt, dass man sich in Frankreich zur Begrüßung und beim Abschied nicht die Hand gibt, sondern einen, nein, zwei Küsse …«

»Stimmt, on fait la bise«, bestätigte Yves, »das kann man aber nicht mit einem deutschen Schmatzer vergleichen, es ist wie ein Hauch auf beide Wangen, also bloß ein Symbol.«

»Das würde ich sicherlich nicht richtig machen, kannst du es mir mal zeigen?«, fragte ich und bemühte mich, so einfältig zu wirken wie ein Dummling.

Nun musste er handeln, aber von knisternder Erotik konnte kaum die Rede sein, eher von einem kurzen oralen Kontakt. Da hätte mir sogar ein plumper deutscher Schmatzer besser gefallen. Als Yves gegangen war, hatte ich ihn fast in Verdacht, an Frauen nicht besonders interessiert zu sein – so wie der Lateinlehrer, den Franzi wohl immer noch anschmachtete.

In einer der nächsten Mittagspausen fuhr ich zum Supermarkt, wohlweislich nicht in jenen, wo Jelena an der Kasse saß. Gedankenverloren trieb ich mich zwischen den zahlreichen Hausfrauen herum, die für die Feiertage gar nicht genug Vorräte hamstern konnten. Als ich mit meinem Einkaufswagen gegen eine Dauerkundin unserer Apotheke stieß, bekam die Zuckerkranke einen gehörigen Schrecken.

»Uffbasse!«, rief sie warnend, dann erkannte sie

mich, und wir mussten beide grinsen. Anhand ihres Übergewichts hielt ich sie für eine erfahrene Köchin und fragte, ob es hier jederzeit frisch geschlachtete Enten gebe oder ob man sie bestellen müsse? War ein ganzes Tier für zwei Personen nicht allzu reichlich? Sie hatte einen guten Tipp für mich, führte mich zu einer der großen Gefriertruhen und zeigte mir sogenannte Knusper-Enten. Sie waren bereits halbiert und vorgegart und sollten auch für Anfängerinnen kein Problem sein. Ich war sofort überzeugt und kaufte eine Packung, es waren ja nur noch wenige Tage bis Heiligabend. Aber was wurde dann aus Yves' französischem Originalrezept? Ein Maître de Cuisine war er allerdings auch nicht.

In meinem Beruf geht es kurz vor den Feiertagen besonders hektisch zu. Gerade wurden alle Apotheken im Umkreis gewarnt, weil in einer Arztpraxis ein Rezeptblock gestohlen worden sei und wir besonders aufmerksam und vorsichtig sein müssten. Da hatte wohl wieder mal ein Junkie zugelangt und uns zusätzliche Arbeit beschert. Ängstliche Konsumenten bunkern große Mengen an Nahrungsergänzungsmitteln, weil sie für die paar Feiertage nicht genug gesundes Essen eingekauft haben. Eine weißhaarige Dauerkundin, die regelmäßig

Vaseline kaufte, beschwerte sich: »Es hat des letzte Mal annerschter geschmeckt als wie sonst ...«

Wir amüsierten uns königlich über dieses Missverständnis, während unsere Chefin bedauernd den Kopf schüttelte.

Manchmal war ich abends so erschöpft, dass ich fast wütend auf Franzi war, die sich bald tagelang im Schnee und beim Après-Ski amüsieren konnte.

Kurz vor Weihnachten hatte ich einen Traum, für den ich mich im Nachhinein geradezu schämte; auf keinen Fall durfte ich meinen tüchtigen Freundinnen verraten, wie wenig emanzipiert sich mein Unterbewusstsein benahm. Vielleicht war meine momentane Überforderung daran schuld, denn eigentlich liebe ich meinen Beruf. Ich träumte nämlich, ich würde nur noch halbtags arbeiten, wäre mit einem wohlhabenden Apotheker verheiratet und hätte zwei allerliebste Kinder. Der typische Prinzessinnen-Wunsch eines kleinen Mädchens, den wahrscheinlich unsere Großmütter hegten, der aber für eine moderne Frau völlig abwegig war. Beim Erwachen war ich sekundenlang immer noch hochzufrieden und wunschlos glücklich. La vie en rose, würde Yves diesen Zustand nennen, der mir aber nur im Traum vergönnt war.

20
Noël

Vor meiner Haustür duftete es nach Zimt und Nelken. Frierende Menschen standen auf dem Marktplatz herum, lauschten dem Glockenspiel am alten Rathaus und vertrieben sich die Kälte bei einem dampfenden Becher Glühwein. Ich wünschte mir Schneeflocken, die in unserer Gegend aber eher selten fallen und meistens nicht gerade dann, wenn sie willkommen wären. Die Schulkinder hatten bereits Ferien, durften länger aufbleiben und machten die Straßen unsicher. Mir war tatsächlich recht weihnachtlich zumute, denn ich musste mich zum ersten Mal um ein bisschen Dekoration und ein gutes Essen kümmern. Yves hatte zwar versprochen, für Wein und Pastis zu sorgen, aber das war's wohl auch. Jeder von uns hatte in allen bisherigen Jahren die Feiertage bei den Eltern verbracht und sich vor den Vorbereitungen gedrückt.

Franzi hatte sich verabschiedet und war schon abgereist. Zufällig hatte sie zuvor noch unsere Klubschwester Heide getroffen und erfahren, dass die Urnenbestattung von Andreas Haase bereits erfolgt war. Wir waren beide grenzenlos erleichtert, weil man bei der Obduktion offenbar keine Vergiftung festgestellt hatte.

Natürlich beneidete ich alle, die längere Ferien hatten. Ein wenig schadenfroh dachte ich allerdings an die hinterlistige Eva, die jetzt wahrscheinlich von ihrer Schwiegermutter kommandiert und von ihrem Mann kontrolliert wurde.

Corinna hatte sich noch eine Packung Schlafmittel besorgt und saß jetzt vielleicht im Flieger. Erst später schaute ich prüfend auf die ärztliche Verordnung und zuckte zusammen. Genau aus dieser Heidelberger Praxis war ein Block mit Privatrezepten gestohlen worden! War Corinna etwa eine Diebin und fast ein Junkie? Bei der gemeinsamen Beobachtung einer fremden Familie hatte sie zwar drohend die Moralkeule geschwungen, als ich ein wenig übergriffig wurde. Beim heutigen Fall fühlte ich mich wiederum etwas verantwortlich und wollte sie warnen, damit sie nicht in Teufels Küche kam. Kurz darauf saß ich im Firmenwagen, um Medikamente ins Pflegeheim zu liefern, stoppte aber an der übernächsten Straßenecke und rief Corinna an. Zum Glück erreichte ich sie noch am Frankfurter Flughafen.

»Du siehst Gespenster«, sagte sie fast belustigt.

»Glaubst du im Ernst, ich würde meinen Beamtenstatus aufs Spiel setzen und kriminell werden? Allerdings muss ich zugeben, dass ich ein gewisses Doctor-Hopping betreibe, wenn es um meine dringend benötigten Tranquilizer geht. Vielleicht lerne ich im Urlaub einen coolen Typen kennen, dafür muss ich mich fit fühlen. Also reg dich ab, ich will mir nur nicht meine Ferien durch chronischen Schlafmangel verderben.«

Aber mir hatte die zusätzliche Aufregung bereits den Tag vermiest. Außerdem fragte ich mich, warum Eva nicht als Erstes ihre Freundin Corinna um Tranquilizer gebeten hatte, als sie die Sedierung ihres eifersüchtigen Mannes plante. Doch wahrscheinlich ahnte Eva gar nichts von Corinnas Abhängigkeit.

Mein geplagter Kopf beschäftigte sich mit den unterschiedlichsten Problemen, hauptsächlich kreisten meine Gedanken jedoch um das nahende Fest.

Bei einer Kundenberatung, bei der es um eine kleine Aufmerksamkeit für eine gelähmte Dame ging, kam ich reichlich spät auf die Idee, Yves nach dem hoffentlich gut gelungenen Entenbraten ein kleines Geschenk zu überreichen. Bücher hatte er offensichtlich mehr als genug, worüber könnte er sich sonst noch freuen? Musik hatte ich nie bei ihm gehört. Ein wohlriechendes Aftershave könnte er als Anspielung verstehen, denn auch nach seiner Metamorphose benutzte er wohl kein Rasierwasser. Auch eine Baskenmütze war mit Sicherheit ein Klischee und völlig out. Allzu teuer sollte es auf keinen Fall sein, aber schon etwas origineller als ein Schal oder eine Flasche Sekt.

Am persönlichsten war immer etwas Selbstgemachtes, und da kam bei mir eigentlich nur ein Foto infrage. Schade, dass ich bisher nur mickrige Kräutlein und keine Mammutbäume fotografiert hatte, für die sich Yves zu begeistern schien. Sequoien waren Giganten und genau das Gegenteil meiner Zwerge …

Zum Glück kam mir mein Einfall gerade noch rechtzeitig, denn ohne Gabentisch war Weihnachten kein gelungenes Fest. Aber mochte Yves überhaupt Fotos? Bisher hatte ich kein einziges Bild bei ihm entdeckt, wobei die schrägen Wände unserer Mansarden eine zusätzliche Herausforderung waren. Yves' Nachtlager hatte ich noch nie gesehen, wahrscheinlich war selbst der Bettvorleger mit Büchern gepflastert. Doch irgendwo in diesem unbekannten Raum würde sich bestimmt ein Plätzchen für ein schönes Foto finden oder noch besser für eine künstlerische Collage. Es wäre vielleicht ein guter Grund, gemeinsam mit Yves sein Schlafzimmer zu betreten.

Am Abend machte ich mich sofort an die Arbeit, suchte im Netz Abbildungen von Mammutbäumen und stellte sie im Programm »Photoshop« frei. Ebenso verfuhr ich mit Fledermäusen, Unken, Fischnestern, alten Kochbüchern und mit meinen eigenen Werken – den elenden Kräutlein. Bis nach Mitternacht arbeitete ich wie eine Besessene an meinem Œuvre, bis ich einigermaßen zufrieden mit dem Konzept war. Mein Meisterstück wirkte auf jeden Fall recht originell, ob auch geschmackvoll, blieb dahingestellt. Am nächsten Tag musste ich mich allerdings beeilen, um die Fotomontage noch zu vollenden, auszudrucken und einzurahmen. In eine Ecke des Bildes klebte ich ein winziges Porträt von mir, sozusagen als Signatur. Aber auch, damit sich Yves beim Betrachten stets bewusst war, wem er diese Collage verdankte. Und als ob das nicht ausreichen könnte, fügte ich noch ein klitzekleines Vergissmeinnicht hinzu. Als alles fertig war, fehlte nur noch eine schöne Einfassung. Ungern tauschte ich das neue Werk gegen ein älteres aus, denn zum Kauf eines Wechselrahmens hatte ich keine Zeit mehr. Als die Collage endlich unter Glas war, empfand ich mich fast als zu bescheiden. Hätte es statt des blauen Blümleins nicht auch eine rote Rose sein können – oder war das zu dick aufgetragen?

Am 23. Dezember leerte sich unser Haus zusehends.

»Nur noch bis morgen Mittag, dann mache ich drei Kreuze und bin weg«, stöhnte die Buchhändlerin. Sie wollte in die Pfalz zur Familie ihrer Schwester fahren. »Im Dezember verdient der Buchhandel fast so viel wie im gesamten Jahr«, sagte sie, »aber dafür gerät man auch gehörig ins Schwitzen. Ohne Yves hätte ich es kaum geschafft.«

Zu meiner Verwunderung erfuhr ich, dass Yves in der Saison jeden Nachmittag im Laden aushalf, hauptsächlich, um verkaufte Bücher weihnachtlich zu verpacken. »Er ist wohl knapp bei Kasse«, sagte sie. »Der arme Kerl ist zu stolz, um sich von seinem reichen Vater unterstützen zu lassen. Leider kann ich ihm nur den Mindestlohn zahlen.«

Auch die spanische Familie wollte die Feiertage bei ihren Verwandten verbringen, auf dem Flur türmten sich Koffer. Höflich wünschte ich *Joyeux Noël,* bis mir aufging, dass es auf Spanisch ganz anders hieß, denn die grinsende kleine Valeria erwiderte mit einem *Feliz Navidad!* Sie konnte nicht ahnen, dass ich mich mental bereits auf Yves' Muttersprache vorbereitete. Inzwischen sah es so aus, als ob er und ich ein paar Tage lang die einzigen Bewohner dieses Hauses bleiben würden.

Natürlich kaufte ich keinen Weihnachtsbaum, sondern nur ein paar Tannenzweige sowie ein Dutzend weiße Haushaltskerzen. Zum Glück war auch noch ein letzter Mistelzweig zu haben, den ich am Heiligabend über dem Eingang meiner Wohnung aufhängen wollte. Wenn sich zwei Menschen unter dem Türrahmen begegneten, durften sie sich küssen. Ob es diese Sitte auch in Frankreich gab, wusste ich zwar nicht, doch der zwar weltfremde, aber belesene Yves musste davon gehört haben. Ich gab die Hoffnung nicht auf, dass er sich nicht wieder nur zu einer gehauchten *Bise,* auch nicht zu einem deutschen Schmatzer oder gar einem rheinischen Bützchen herabließ, sondern zu einem innigen Kuss, als Beweis, dass ich ihm als Frau nicht gleichgültig war.

Als Nächstes wagte ich mich an die Orangensauce, ließ Zucker karamellisieren, löschte ab mit reichlich Apfelsinensaft und fügte hauchdünn geschnittene Schalen hinzu. Es schmeckte süßlich herb, ich war zufrieden. Dazu sollte es Baguette geben und davor jenen Feldsalat mit gerösteten Pinienkernen, der mir bei meinen Klubschwestern so gut geschmeckt hatte. Um achtzehn Uhr wollte Yves kommen, ich war teils wegen der Ente, teils wegen des Mistelzweigs ziemlich aufgeregt, denn es sollte einfach alles perfekt gelingen.

Es klappte, zwar nicht perfekt, aber gut. Bevor mein Gast auftauchte, zog ich schnell noch Schürze, Jeans und Pullover aus und mein einziges langes Kleid an; es war aus weinrotem Samt mit Rüschen an den Ärmeln, und ich kam mir darin vor wie in einem Märchenfilm. Der Mistelzweig führte zwar nicht zu einem hundertprozentigen Erfolg, aber immerhin zu einem liebevollen Küsschen, das zu den schönsten Hoffnungen berechtigte. Für einen Gourmet waren die Geflügelteile wahrscheinlich nicht knusprig genug, aber die Sauce war vorzüglich, und letzten Endes schmeckte es uns beiden. Außerdem roch es in meiner warmen Wohnung verführerisch nach Ente, nach Orangenschale und einem Pröbchen Lavendelspray aus der Apotheke. Aus dem Digitalradio erklangen traditionelle Weihnachtslieder. Wir trällerten allerdings nur bei einem Evergreen mit: *Noël, Noël, born is the King of Israel.*

Da es uns auf den harten Küchenstühlen auf die Dauer doch etwas unbequem wurde, schnappte ich mir das Tablett mit den brennenden Kerzen und siedelte mit Yves ins Wohnzimmer über, wo wir uns nebeneinander auf dem kleinen Sofa niederließen. Dort überreichte ich endlich mein Geschenk, und Yves machte große Augen. Anscheinend wusste er nicht sofort, was er sagen sollte, aber dann vertiefte er sich in die verschiedenen Fotos, schüttelte immer wieder den Kopf und sagte mehrmals: »Incroyable!«

Ich konnte nicht ganz deuten, ob er mit diesem Wort Missbilligung, Staunen oder Bewunderung ausdrückte. Deswegen fragte ich ein wenig plump: »Gefällt's dir?«

»Ich bin überwältigt«, sagte Yves. »Der Mammutbaum ist merveilleux, einfach wunderbar! Aber was soll das winzige Menschlein in der rechten Ecke? Sicher wolltest du andeuten, dass wir nur ameisengroße Kreaturen sind, jedenfalls im Vergleich zu den Giganten der Urzeit!«

Seine Interpretation war zwar nicht ganz in meinem Sinne, aber ich nickte freundlich. Leider hatte Yves nicht erkannt, dass die ameisengroße Kreatur niemand anderes war als ich. Doch nachdem er mein Werk, insbesondere die Sequoien genug bewundert hatte, überreichte er mir seinerseits ein Geschenk, eingepackt in das Weihnachtspapier des Buchladens und offensichtlich zu groß für einen antiken Löffel. Gespannt, aber behutsam öffnete ich und erkannte mit einem Blick einen vertrauten Wälzer: *Das Goldene Familienbuch,* das bestimmt nicht zu meiner Lieblingslektüre gehörte.

»Das kann doch wohl nicht wahr sein!«, platzte ich heraus, was Yves jedoch für einen Ausruf der

Begeisterung hielt. Er grinste halb stolz, halb verlegen.

»Ich habe mich nicht leicht davon getrennt«, sagte er. »Aber ich wollte dir etwas zur Erinnerung schenken, was für uns beide eine besondere Bedeutung hat. Zum Beispiel unser gescheiterter Versuch, eine leckere Jagdpastete herzustellen.«

War das eine Liebeserklärung? Ich fasste es so auf und fiel ihm um den Hals. Und nun kam endlich, endlich die gewünschte Reaktion: ein überaus zärtlicher Kuss. Mich durchflutete ein lang entbehrtes Glücksgefühl. Abgesehen von der rein sinnlichen Erregung gab es da noch etwas ebenso Schönes: Yves hatte mir ein Buch geschenkt, das ihm selbst ans Herz gewachsen war. Er konnte schließlich nicht ahnen, dass es für mich nicht den gleichen Stellenwert hatte. Und vielleicht ging es ihm mit meinem Kunstwerk ganz ähnlich.

Schließlich löste sich Yves ein wenig verlegen aus meiner Umklammerung. »Man müsste mal lüften! Und ich mach noch eine Flasche Wein auf, oder sollten wir lieber einen Matcha Tee trinken?«, fragte er.

»Doch nicht heute am Heiligabend! Im Kühlschrank steht noch ein Prosecco. Ich hole inzwischen die Plätzchen, die mir meine Mutter in letzter Minute geschickt hat«, sagte ich. »Abgesehen davon war nur ein Geldschein im Paket. Was hast du denn von deinen Eltern bekommen?«

»Auch nichts anderes, das ist wohl in allen Familien so ähnlich. Im Elsass gibt es allerdings die besten Mannele aus Briocheteig und die feinen Zimt-Bredele, leider auch Springerle, die ich noch nie mochte. Außerdem bekam ich …« Er griff in die Hosentasche und zog einen Siegelring heraus.

»Von meinem verstorbenen Großvater«, sagte er. »Passt mir aber nicht.« Er stülpte das Erbstück über den schmalen Mittelfinger, der dreimal hineingepasst hätte. Bewundernd nahm ich seine grazile Hand, streifte Jelenas Ring von meinem kleinen Finger und steckte ihn Yves an.

»Wir könnten ja tauschen«, schlug ich spaßeshalber vor.

Nun erschrak mein scheuer Freund doch ein wenig.

»Nein, der Siegelring muss in meiner Familie bleiben«, sagte er etwas humorlos, stand auf und wollte sich in die Küche begeben. Im Vorübergehen entdeckte er jene Fotografien, die ich aus dem Rahmen genommen und auf meinem Schreibtisch ausgebreitet hatte.

»Ich fand auf die Schnelle keinen passenden Wechselrahmen für deine Fotocollage und habe ein Exemplar aus meiner eigenen Sammlung verwendet«, erklärte ich. Yves vergaß den Prosecco und kehrte nachdenklich auf das Sofa zurück.

»Seltsam – ich habe dir mein liebstes Buch geschenkt, weil ich dachte, du würdest dich darüber freuen. Und du hast dein eigenes Bild geschlachtet, um mich zu überraschen! Erinnert dich das nicht an eine berühmte Novelle?«, fragte er.

Ich hatte keine Ahnung, worauf er anspielte.

»Im *Decamerone* erzählt Boccaccio die Geschichte eines innig Liebenden. Als er seine Angebetete erwartet, lässt der verarmte Edelmann seinen Jagdfalken schlachten. Sie verzehren das wertvolle Tier gemeinsam, noch bevor er den Grund ihres Besuchs erfährt: Sie wollte den Falken für ihren kranken Sohn erbitten.«

»Mein Gott, das hört sich aber traurig an! Der arme Falke!«, sagte ich. »Ich bin eher für ein Happy End! Zum Glück hast du den Familienratgeber ja nicht schlachten müssen, sondern darfst ihn dir jederzeit wieder ausleihen. Und ich kann nach den Feiertagen einen neuen Rahmen für meine Fotos besorgen. – Aber sollten wir jetzt nicht gemeinsam einen passenden Platz für das Bild aussuchen?«

»Das könnte schwierig werden«, sagte Yves. »An den wenigen senkrechten Wänden stehen bereits Regale und ein Schrank!«

»Ich habe schließlich auch schräge Wände und

das Problem trotzdem gelöst. Wie du siehst, habe ich meine Fotos zusätzlich an der unteren Kante befestigt – das könnte man bei dir genauso versuchen, also komm!«

Ohne noch länger zu fackeln, reichte ich dem Zögernden die Hand und zog ihn hoch. Er trank noch schnell das Glas aus, dann folgte er mir in sein eigenes Reich. Trotz der kargen Möblierung sah es hier wieder chaotisch aus, und in Küche und Wohnzimmer gab es tatsächlich kaum eine Chance, das relativ große Bild aufzuhängen. Ich betrat das Allerheiligste, ohne um Erlaubnis zu fragen. Dort konnte ich nicht an mich halten, sondern musste laut loslachen. Yves besaß zwar ein breites Bett, aber es war sowohl auf der Wand- als auch der Vorderseite mit Büchern belegt, so dass zum Schlafen nur eine schmale Rinne in der Mitte übrig blieb.

»Hier kann man sich ja kaum rühren«, stellte ich fest, musste jedoch sofort an meinen eigenen strammen Kokon denken.

Yves schluckte, setzte die Collage in einer Zimmerecke ab und zu einer Erklärung an:

»Eigentlich sollte niemand meine Höhle je zu Gesicht bekommen, aber vielleicht kannst du mich verstehen, wenn ich dir die Hintergründe erkläre.«

Er räumte ein paar Bücher auf den Boden, damit

wir uns wenigstens auf die vordere Bettkante setzen konnten.

»Als Kind litt ich unter schlimmen Albträumen. Wenn ich aufwachte und laut losschrie, holte mich meine Mutter ins Ehebett, und ich durfte zwischen Papa und Mama liegen. Dieses Gefühl der Geborgenheit wollte ich wohl nie mehr missen und veranstaltete jeden Abend ein großes Theater. Schließlich wurde ich nicht mehr erhört. Selbst dann nicht, als ich wirklich Panikattacken hatte. Später fand ich heraus, dass ich viel besser schlafen kann, wenn mich meine Bücher auf beiden Seiten beschützen. Diese Gewohnheit habe ich mir leider bis heute nicht abgewöhnt ...«

Noch nie hatte ich einen Menschen kennengelernt, der unter einer ähnlichen Symptomatik litt wie ich. Mit leiser Stimme erzählte ich ihm von meinem Trauma. Als kleines Mädchen glaubte ich, mein Vater würde mir die herausragenden Beine mit einem Beil abhacken. Wir saßen noch lange auf der Bettkante und vertrauten uns Dinge an, über die wir sonst nie sprachen. Und irgendwann räumten wir alle Bücher beiseite, kuschelten uns eng aneinander und boten uns gegenseitig den erhofften Schutz gegen die feindliche Umwelt.

21

Hiobsbotschaft

Auch am 25. und 26. Dezember verließen wir fast nie mein oder sein Bett. Wir kamen noch nicht einmal dazu, die Fotocollage aufzuhängen. Yves, der sich selbst als Bücherfresser bezeichnete, fand keine Zeit mehr zum Lesen. Mon petit ami war zwar kein stürmischer Romeo, erwies sich aber als überaus zärtlicher Liebhaber. Als Student hatte er zwei Jahre lang eine Freundin gehabt, das war schon sehr lange her. So ähnlich ging es mir auch, und umso glücklicher war ich, dass das unfreiwillig zölibatäre Leben für uns beide zu Ende war. Zum ersten Mal liebte ich einen Mann, der ebenso wie ich nur als strammes Wickelkind einschlafen konnte. Er lag meistens an der Wand, ich schmiegte mich an ihn, an der Frontseite war ich gut festgestopft. Zum Glück besaß ich noch ein etwas größeres Federbett, denn es war klar, dass wir nur unter einer gemeinsamen Decke schlafen wollten. An unseren Füßen hatten sich großformatige Bildbände von Tomi Ungerer und Sempé eingenistet.

Doch am 27. Dezember musste ich wieder arbeiten, früh aufstehen und ohne Yves frühstücken, denn vor neun Uhr war er nicht wachzukriegen. Oft habe er unter Schlaflosigkeit gelitten und sei nachts stundenlang zwischen Küche und Schlafzimmer hin- und hergewandert, inzwischen könne er diese Unsitte überhaupt nicht mehr nachvollziehen.

Auch der Buchladen und die anderen Geschäfte öffneten wieder, die Spanier waren zurück, denn nicht alle der arbeitenden Bevölkerung konnten sich zwischen den Jahren freinehmen.

Erst nach einer Woche rief Franzi an. Sie wolle mich nicht neidisch machen, aber es sei sehr schade, dass ich jetzt nicht aus ihrem Hotelfenster schauen könne – der Blick auf die schneebedeckten Berge sei einfach *wow*!

»Wir sind eine super Clique! Es sind echt gute Typen dabei, du würdest perfekt zu uns passen. Alle sind mega happy! Und es tut mir wahnsinnig leid, dass du jetzt so einsam und verlassen im grauen Norden vor dich hin vegetierst. So ein Bullshit …«

Sollte sie das ruhig denken. Ich verriet vorerst nichts von meinem Hochgefühl, aber sie hörte es meiner Stimme vielleicht an, dass ich guter Dinge war. Nach einer kleinen Pause legte sie wieder los:

»Vielleicht schaffst du es ja, in den Osterferien

Urlaub zu nehmen, dann könnten wir zusammen nach Portugal fliegen wie vor zwei Jahren …«

Aber genau das war das Problem: Sie bekam nur in den Schulferien frei, ich dagegen musste diese Zeiten meinen Kolleginnen mit Kindern überlassen. Und jetzt taten sich für mich neue Möglichkeiten auf: Gemeinsam mit Yves nach Paris fahren oder exotische Länder erkunden, das müsste wunderbar sein. Allerdings war mein Freund knapp bei Kasse, ich sollte mir lieber keine Traumreisen ausmalen.

Zu meiner Freude durfte ich am Vormittag des 31. Dezembers zu Hause bleiben, so dass Yves und ich noch einmal zwei Tage ganz für uns hatten. Unsere Beziehung wurde täglich enger, ja intimer – aneinandergeschmiegt schütteten wir uns unsere Herzen aus, erzählten von Familie, Kindheit und Jugendjahren, von prägenden, traurigen, lustigen und auch von blamablen Erlebnissen. Schließlich beichtete ich meine schuldhafte Beteiligung am Tod von Andreas Haase.

»Irgendwie fühle ich mich als Mörderin«, klagte ich. »Aber außer dir und Franzi ahnt niemand etwas von unserem Verbrechen – wir sind ja nicht mit einem Smoking Gun erwischt worden, wie sich Franzi ausdrückte. Juristisch gesehen, kämen wir vielleicht mit einem blauen Auge davon, moralisch haben wir völlig versagt.«

Yves hörte schweigend, jedoch äußerst aufmerksam zu. Er schluckte allerdings mehrmals, irgendwann sah ich, dass er sich verstohlen die Augen rieb. Erst nach einer längeren Pause sprach er von seiner eigenen, ihn immer noch belastenden Schandtat.

»Ganz entre nous bin ich wohl auch ein Mörder, denn ich habe meinen Opa auf dem Gewissen«, sagte er, und ich sah ihn verständnislos an. Es dauerte wieder eine ganze Weile, bis ich die ganze Geschichte zu hören bekam.

Schon als Kind galt Yves als Leseratte und Einzelgänger, in seiner Familie sogar als *enfant terrible*. In der Schule war er nicht direkt schlecht, in Mathematik jedoch ein totaler Versager. Als seine Versetzung wieder einmal gefährdet war, beschloss sein besorgter Papa, ihn täglich zum Großvater zu schicken, der vor der Pensionierung Lehrer gewesen war. Diese Nachhilfestunden waren für den pubertierenden Jungen die reinste Qual. Yves' verwitweter und verbitterter Opa war noch strenger als sein Vater, humorlos und fast sadistisch. Immer wieder wurde ihm sein jüngerer Bruder als Vorbild vorgehalten: »*Der spurt wenigstens!*«

Übrigens sei es bis heute so geblieben, denn der zielstrebige Bruder studiere Medizin und sei mit einem ebenso fleißigen Mädel verlobt. Außerdem habe dieser Musterknabe schon als Schüler gut Klavier gespielt und sein Taschengeld als *Umblätterer* eines Pianisten verdient, klagte mein Freund.

Damals besaß Yves einen Hausschlüssel, damit sein gehbehinderter Großvater ihm nicht aufmachen musste. Eines Tages lag der griesgrämige Alte noch am späten Nachmittag im Bett, schien schlafen zu wollen und knurrte nur: »Ich kann nicht …«

Aber anstatt nach Hause zu gehen und seine Eltern zu informieren, blieb Yves einfach dort, kramte in den Schubladen des Schreibtischs, aß eine ganze Packung Kekse, suchte sich einen Band Karl May heraus und begab sich erst nach der üblichen Zeit wieder nach Hause. Um keinen Ärger zu bekommen, verriet der kleine Schisser nichts von der verpassten Nachhilfe und vom erkrankten Großvater. Am nächsten Tag fand die Haushaltshilfe einen Toten im Bett. Sicher wäre er noch zu retten gewesen, wenn man sofort einen Krankenwagen gerufen hätte.

»Meine Eltern haben es nie erfahren, du bist der erste Mensch, dem ich davon erzähle. Es ist doch wunderbar, dass wir uns gegenseitig hundertprozentig vertrauen können. – Aber da fällt mir ein, besitzt du etwa immer noch den Blumentopf mit der Pflanze, die ich vorm Verwelken gerettet habe? Mon dieu, du nickst! So etwas Giftiges sollte man nicht in der Küche herumstehen lassen, wie leicht kann es zu einer Verwechslung kommen …«

Es belustigte mich insgeheim, bei seinen Worten eine Prise Ängstlichkeit herauszuhören. Später vernichteten wir den verkümmerten Eisenhut gemeinsam. Inzwischen hatte ich mich auch an den Matcha Tee gewöhnt, den Yves ständig schlürfte, für ihn war zu jeder Tageszeit Tea Time. Als ich ihn allerdings bei unserem ersten gemeinsamen Frühstück mit Café au Lait und einem aufgebackenen Croissant überraschte, war er tief gerührt und fühlte sich wohl an seine gütige Maman erinnert. Glücklicherweise ließ er sich dazu überreden, öfter mal frische Luft zu schnappen, schließlich mussten auch unsere Betten gelegentlich auslüften. Auf unseren Spaziergängen kamen wir mehrmals auf das leidige Thema unserer Schuld zu sprechen, trösteten uns gegenseitig und erteilten uns immer wieder die Absolution. Ich fand, dass der vierzehnjährige Yves die Konsequenzen seines Handelns nicht überschauen konnte und er somit überhaupt kein schlechtes Gewissen zu haben brauchte. In meinem Fall war die böse Absicht jedoch nicht zu leugnen.

Am Neujahrstag war es kalt und bewölkt. Trotzdem liefen wir Hand in Hand durch den Schlosspark, und Yves konnte seine Lieblingsbäume – Libanonzedern, Ginkgos und vor allem einen Riesenmammutbaum – leibhaftig begrüßen. Ihm zuliebe fotografierte ich ausnahmsweise auch diesen Giganten und erweiterte damit mein Beuteschema um gefühlte hundert Prozent. Außerdem begann ich, mich für kaltblütige Kammmolche, Gelbbauchunken und Kreuzkröten zu erwärmen, über die Yves demnächst eine Reportage schreiben wollte, die aber hier im Park wohl kaum anzutreffen waren. Dadurch kam ich auf die gute Idee, demnächst Fotos für seine Artikel beizusteuern.

Fast kam es mir wie ein Déjà-vu vor, als ich in der Nähe des Spielplatzes zwei hüpfende Buben erblickte.

»Komm, lass uns umkehren«, sagte ich zu Yves, »ich kenne diese Kinder, bestimmt ist auch ihre Mutter in der Nähe. Ich habe keine Lust, ihr heute zu begegnen.«

»Warum?«, fragte Yves. »Ist es dir peinlich, mit einem Kerl wie mir gesehen zu werden?«

Und schon tauchte Jelena hinter einem Busch auf, sah uns und winkte heftig.

»Das ist die ehemalige Partnerin von Andreas Haase«, sage ich leise. »Die Zwillinge sind ihre gemeinsamen Kinder, und durch meine Schuld wachsen sie nun vaterlos auf. – Deine Bedenken kannst du übrigens vergessen, seit du beim Coiffeur warst, bist du mir überhaupt nicht peinlich, ganz im Gegenteil.«

Inzwischen näherte sich Jelena, ich stellte ihr Yves vor, und wir wünschten uns gegenseitig ein gutes Neues Jahr. Doch sie schien irgendwie erregt zu sein und wies hinauf zu den dunkelgrauen Wolken.

»Leider entdecke ich heute nur Särge, zu einem Stapel aufgetürmte Särge! Aber ich will euch die Stimmung nicht vermiesen, die schlimmen Nachrichten erfährst du noch früh genug, Nina!«

Ich erschrak. Schon wieder Hiobsbotschaften? Hatte eine Laboranalyse von Andreas Haases Blutwerten noch nach der Einäscherung einen belastenden Befund ergeben? Mit derart finsteren Andeutungen durfte Jelena aber nicht einfach wieder verschwinden, obwohl immerhin die Möglichkeit bestand, dass sie an esoterische Geheimzeichen glaubte, die für vernunftbegabte Menschen reiner Hokuspokus waren. Mit festem Griff packte ich sie am Ärmel.

»Jelena, so einfach kannst du dich nicht um eine Erklärung herumdrücken! Worauf spielst du an? Es wird doch nur schlimmer, wenn ich mir jetzt unentwegt den Kopf zerbreche, was um alles in der Welt passiert sein könnte!«

Auch Yves schaltete sich ein. »Es geht mich zwar nichts an, aber die Wahrheit kommt sowieso irgendwann ans Licht!«

Wie kann er so etwas bloß sagen!, schoss es mir durch den Kopf.

Aber Jelena war im Grunde nur allzu bereit, die neuesten Katastrophen zu kolportieren. Während ihre Kinder eine Wippe malträtierten, fing sie aufgeregt an zu berichten. Evas Mann habe seine Eltern bloß zum Bahnhof nach Mannheim bringen wollen, damit sie einen direkten Zug nach Hannover bekämen und nicht umsteigen mussten. Diese Strecke fuhr er täglich zur Arbeit, kannte sie also in- und auswendig. Deshalb sei es rätselhaft, warum er plötzlich die Kontrolle über seinen Wagen verlor und in einen vorausfahrenden Tankwagen krachte. Das einzige Glück im Unglück war, dass es zu keiner Explosion kam, bei der vielleicht viele Menschen gestorben wären.

»Nun sag endlich, ist Evas Mann etwa tot?«, fragte ich entsetzt.

»Nein, aber seine Mutter, die nicht angeschnallt war und vorn neben ihm saß. Sie hat den Aufprall nicht überlebt. Evas Mann und ihr Schwiegervater liegen im Krankenhaus.«

Nachdem wir mehrmals unser Bedauern und unser Mitleid mit der armen Eva ausgedrückt hatten, mussten wir uns trennen. Yves hatte unterdessen ein wenig mit den ungeduldigen Kindern angebändelt. Als wir wieder allein waren, krallte ich mich an seinen Arm und stöhnte:

»Es ist doch nicht zu fassen, auch unsere Klubschwester Eva ist wahrscheinlich eine Mörderin! Es kommt mir vor, als hätte fast jeder Mensch eine Leiche im Keller!«

Natürlich konnte Yves nicht verstehen, wie ich das meinte, und ich musste etwas ausholen, um meinen Verdacht zu begründen. Allerdings kamen verschiedene Szenarien infrage. Vielleicht hatte Eva ihrem Mann gar keine Sedierung in den Joghurt geträufelt, sondern der Unfall war durch eine Verkettung misslicher Umstände zustande gekommen – zum Beispiel wollte ihr Mann seiner Mutter beim Anlegen des Gurtes helfen und hatte sekundenlang nicht aufgepasst. Oder Eva hatte ihm Abführtropfen untergejubelt, die völlig unerwartet, heftig und mitten auf der Autobahn wirkten. Vielleicht hatte sie ihm aber auch abends ein Schlafmittel verabreicht, damit sie sich unbemerkt aus dem Haus stehlen konnte. Da er nicht daran gewöhnt war, konnte es am nächsten Morgen zu einem overhang effect gekommen sein, also zu Müdigkeit und mangelnder Aufmerksamkeit. Am schrecklichsten war aber der Gedanke, dass Franzi und ich mit unseren *guten* Ratschlägen schon wieder am Tod eines Menschen schuldig geworden waren!

Yves unterbrach meine Überlegungen.

»Glaubst du denn, dass eure Eva jetzt zufrieden ist? Die allzu dominante Schwiegermutter ist tot, und der lästige Mann ist eine Weile außer Gefecht! Deine Freundin kann nun in aller Seelenruhe ihren Lover im Ehebett empfangen ...«

»Sie ist nicht meine Freundin«, protestierte ich. »Eigentlich habe ich sie noch nie gemocht, und jetzt will ich erst recht nichts mehr mit ihr zu tun haben.«

»Aber Ninette, du interpretierst die Tatsachen etwas oberflächlich und unüberlegt, nur damit sie zu deiner Vorstellung passen. Vielleicht kann Eva gar nichts für den tragischen Unfall!«, sagte Yves. »Bist du nicht viel zu schnell beim Verurteilen, noch bevor du die ganze Wahrheit und die Hintergründe kennst?«

»Steht das im *Goldenen Familienbuch*?«

»Chapeau, beinahe richtig. Ich tippe eher auf Konfuzius, ein weiser alter Mann wie ich. Aber mir wird kalt, lass uns nach Hause gehen und kochen ...«

»Da bin ich aber froh, dass meinem weisen alten Mann die Bodenhaftung nicht ganz verloren gegangen ist.«

Am Abend hatte ich das Bedürfnis, Franzi anzurufen. Aber wahrscheinlich war sie nicht allein, sondern in munterer Gesellschaft. Außerdem würde sie noch früh genug von der Katastrophe erfahren, also ließ ich es bleiben.

Doch Franziska kam erst auf den letzten Drücker aus dem Urlaub zurück, meldete sich nur kurz und gab an, mir am nächsten Tag ausführlich berichten zu wollen. Sie müsse erst mal auspacken, die Waschmaschine füllen, alles für den nächsten Arbeitstag vorbereiten und so weiter. Eine Vorwarnung war mir nicht mehr möglich, denn es würde sich im Lehrerkollegium schnell herumsprechen, wie schlimm es Evas Angehörigen erwischt hatte.

Am nächsten Vormittag, als ich gerade im Labor stand und Salbe anrührte, klingelte mein Handy.

»Hast du einen Moment Zeit?«, fragte Franzi.

»Nein«, antwortete ich.

»Nur ganz schnell! Zuerst die gute Nachricht: Ich hatte endlich wieder Sex.«

»Und die schlechte? Wetten, dass er verheiratet ist!«, knurrte ich.

»Falsch, aber fast genauso unpraktisch. Noah wohnt in Berlin, aber so what, mir tat es richtig gut! – Moment mal, Corinna kommt gerade und will anscheinend etwas Wichtiges sagen. Heute Abend erzähle ich dir in Ruhe die Details.«

Nun, ich hatte es fast erwartet, dass ich zu spät kam und nicht als Erste die Sensationsreporterin spielen konnte. Ob Franzi genauso reagierte wie ich und Eva für eine potenzielle Mörderin hielt?

An diesem Abend kam ich etwas erschöpft nach Hause. Yves hatte Tee zubereitet, für Baguette und Käse gesorgt, und wir aßen zusammen am Küchentisch wie ein altes Ehepaar. Inzwischen war ich sogar dabei, meine kindische Unsitte aufzugeben: zuerst ein trockenes Brot und danach den Aufschnitt zu verzehren.

Als Franziska klingelte, spürte sie wohl gleich, dass sie unsere trauliche Idylle störte. Mit fragendem Blick musterte sie die familiäre Szene und meinte großmütig: »Esst bitte in Ruhe weiter, ich komme später noch mal vorbei …«

Yves sprang auf. Er sei sowieso gerade fertig, behauptete er und verschwand – wahrscheinlich aus Diskretion. Jedenfalls konnte Franzi endlich loslegen und von ihrem englischsprachigen Noah schwärmen, einem kanadischen Studenten aus Berlin. Dummerweise vergucke sie sich immer wieder in einen Mann, der entweder uninteressiert sei oder weit entfernt wohne.

Ich unterbrach sie etwas ungeduldig. »Corinna hat dir doch bestimmt erzählt, dass Evas Mann …«

»Ja, das hat sie. Auch, dass sich Eva deshalb krankschreiben ließ. Aber erst interessiert mich noch, ob es zwischen dir und Yves endlich gefunkt hat, es sah fast danach aus. Falls ja, dann hast du es cooler eingefädelt als ich, du brauchst nur im Nachthemd eine Tür weiter zu gehen und bist schon da!«

»Dein Adlerauge hat es erkannt. Aber bevor ich ins Detail gehe, will ich wissen, was du von Corinna gehört hast. Wird Evas Mann etwa auch sterben? Und wie ist es zu diesem schrecklichen Unfall gekommen?«

»Das wird noch untersucht. Evas Mann hat vermutlich bloß eine starke Gehirnerschütterung und Prellungen, jedenfalls nichts Lebensbedrohliches. Es ist jedoch wohl klar, dass er der Verursacher war. Aber lassen wir dieses Thema, es betrifft uns doch nicht, und mein Mitleid hält sich sowieso in Grenzen. Ich finde es zum Beispiel lustig, dass du jetzt Französisch pauken musst, während ich mit meinem guten Englisch punkten kann!«

Mitten in unser Geplänkel hinein klingelte es, und Corinna kam die Treppe hinauf. Man sah ihr sofort an, dass es ihr schlecht ging.

»Kann ich dich mal kurz unter vier Augen sprechen?«, fragte sie. Eigentlich wollte ich klarstellen, dass Franzi und ich keine Geheimnisse voreinander hätten, aber es war schon zu spät, denn Franziska war bereits aufgesprungen und hatte im Eilschritt meine Wohnung verlassen, ähnlich wie Yves zuvor. Mit Sicherheit war sie beleidigt.

22
Schweigepflicht

Kaum hatte Corinna Platz genommen, als sie schon fragte: »Unterliegt man als Apothekenhelferin der Schweigepflicht, etwa so wie Ärzte und Pfarrer?«

»Selbstverständlich! Ich darf doch nicht ausplaudern, ob ein Kunde Viagra kauft oder eine alte Frau unter Inkontinenz leidet!«

»Du würdest also auch nie verraten, dass ich regelmäßig Tranquilizer einnehme?«

Ich hob die Schwurhand. »Ehrenwort! Aber warum fragst du überhaupt?«

»Erinnerst du dich, dass ich kurz vor Weihnachten noch eilig in deiner Apotheke auftauchte? Eigentlich war ich mir sicher, genügend Medikamente für die Urlaubsreise vorrätig zu haben, aber plötzlich fehlte eine ganze Schachtel. Im Nachhinein wurde mir klar, dass ich sie nicht etwa verlegt habe, sondern dass mir die Pillen gestohlen wurden.«

»Gab es einen Einbruch?«

»Nein, und es kommt leider nur eine Person dafür infrage …«

Plötzlich musste Corinna weinen, ich reichte ihr Papiertaschentücher.

»Eva hat dir die Pillen geklaut, um sie ihrem Mann heimlich ins Essen zu schmuggeln«, vermutete ich. »Und du hast jetzt Angst, deine Busenfreundin könnte bei einer Befragung zugeben, woher sie das Zeug hat, und du – als brave Beamtin – würdest in den Schlamassel hineingezogen ...«

Nun schluchzte Corinna immer lauter. »Es ist doch furchtbar, wenn man seine beste Freundin eines Mordes verdächtigt, im weitesten Sinne bin ich sogar ihre Komplizin. Ich bin fix und fertig, seit ich von diesem schrecklichen Unfall weiß! Kann ich mich hundertprozentig darauf verlassen, dass du die Klappe hältst?«

»Ich habe es doch gerade geschworen, soll ich etwa noch die Bibel holen? Im Übrigen ist es mehr als unwahrscheinlich, dass ein Zusammenhang zwischen deiner Schlaflosigkeit und Evas toter Schwiegermutter entdeckt wird. Du grübelst zu viel und solltest mal auf andere Gedanken kommen! Wie wäre es mit einem abendlichen Ausflug in einen nachbarlichen Garten?«

Corinna lächelte unter Tränen. »Seit jenem Abend, als du den fremden Hahn eingesackt hast, habe ich meine Sehnsucht nach Familie sowie meine infantile Angstlust im Griff und verzichte auf solche Abenteuer. Andererseits wurde mir damals auch klar, dass du gelegentlich fünfe gerade sein lässt und Verständnis für uns Spinner hast. Aber jetzt siehst du müde aus, deswegen werde ich gehen, und zwar ziemlich erleichtert. Danke!«

Plötzlich war ich allein mit meinen wirren Gedanken. Wie seltsam, fand ich, dass sich auf einmal fast alle Vereinsschwestern für Verbrecherinnen halten mussten. Wir sollten uns vielleicht *Klub der Mörderinnen* nennen. Allerdings hatten sich Heide und Jelena wohl noch nicht mit Schuld beladen, doch wer wusste das schon so genau?

In den nächsten Wochen fanden keine Klubtreffen statt, niemand hatte große Lust auf ein unbeschwertes Beisammensein. Nach dem verhängnisvollen Unfall wurde Evas Mann in depressivem Zustand nach Hause entlassen, ihrem Schwiegervater erging es wohl ähnlich. Mit Sicherheit stand Eva momentan nicht der Sinn nach amourösen Abenteuern oder weinseligen Klubtreffen. Corinna konnte sich für drei Monate beurlauben lassen und trat eine Entwöhnungskur in einer Klinik an. Jelena und Heide waren sowieso nie die treibenden Kräfte für ein regelmäßiges Zusammenkommen gewesen, von sich aus rührten sie keinen Finger.

Ich wollte wiederum in jeder freien Minute mit Yves zusammen sein. Für ihn tat sich gerade eine etwas neue und ungewohnte Perspektive auf. Die Buchhändlerin im Erdgeschoss freute sich über eine kleine Erbschaft und beschloss, beruflich etwas kürzerzutreten. Ihr Angebot für Yves war eigentlich verlockend: eine Halbtagsstelle. Aber mein Freund sagte keineswegs begeistert zu, sondern erwog die Vor- und Nachteile gründlich. Es gelang mir jedoch, ihn von den Möglichkeiten eines zwar kleinen, aber festen Einkommens zu überzeugen, was wiederum eine gemeinsame Reise ermöglichen würde. Dieses Argument traf ins Schwarze, denn schon immer träumte Yves davon, einmal im Leben an einem Whale Watching teilzunehmen. Mit großer Vorfreude malten wir uns eine abenteuerliche Expedition im kommenden Juli aus. Es müsse nicht unbedingt Hawaii sein, meinte Yves, auch in Norwegen könne man Pott-, Zwerg-, Buckel- und Finnwale beobachten.

Unsere Pläne und unser Glück machten Franzi etwas neidisch. Sie überlegte nicht zum ersten Mal, ihr abgebrochenes Studium wieder aufzunehmen.

»Anglistik in Berlin, das wäre einfach great«, sagte sie.

»Willst du etwa deinem Skifahrer hinterherdackeln?«, fragte ich missbilligend.

»Noah hat sich schon ein paarmal mit einem liebevollen *Cheer up* bei mir gemeldet, für ihn war es wohl auch mehr als nur ein One-Week-Stand«, sagte Franzi. »Außerdem war es ziemlich strange von mir, mein Studium zu schmeißen, denn eigentlich wäre ich eine gute Lehrerin geworden. Unsere Schüler mögen mich und vertrauen mir, schon rein sprachlich sind wir auf einem Level. Die Frage ist natürlich, wovon ich als Studentin leben soll. Oder meinst du, ich bin inzwischen sowieso zu alt?«

»Bestimmt nicht. Aber studieren könntest du auch hier. Überhaupt – wäre old Heidelberg für einen Ami nicht viel attraktiver als Berlin?«

»Noah ist Kanadier«, betonte sie. »Aber ich könnte ihm mal unsere Region in rosaroten Farben ausmalen, im Vergleich zur Spree ist der Neckar doch viel romantischer.«

»Und vielleicht sogar unsere Weschnitz«, spottete ich.

Es ist jetzt Ende März, und Franzi ist noch zu keiner Entscheidung gekommen, obwohl sie immer wieder beteuert: »*Happiness is a choice!*« Eines steht allerdings fest: Ein Praktikum bei einem Teppichrestaurator steht nicht mehr auf ihrem Programm, sie will in den nächsten Ferien nach Berlin fahren und dort die Lage sondieren.

Bisher ungeklärt ist die Ursache für den schweren Unfall, bei dem Evas Schwiegermutter zu Tode kam. Bis heute weiß man nicht, aus welchem Grund ihr Mann die Kontrolle über seinen Wagen verloren hat.

Und zum Glück ist auch nie ans Licht gekommen, dass Andreas Haase zwar letzten Endes am Erbrochenen erstickt ist, aber zuvor einen hochgiftigen Tee getrunken hatte.

Meine diesbezüglichen Ängste haben etwas nachgelassen; seit ich mit meinem domestizierten Wolf zusammen bin, werde ich immer ausgeglichener und optimistischer. Eigentlich schäme ich mich ein bisschen für meine Sammlung kleiner, glatter und schwerer Gegenstände, die alle auf illegalem Weg bei mir gelandet sind. Allerdings kann ich nicht garantieren, ob ich in diesem Punkt für immer abstinent bleibe.

Am heutigen Sonntag Laetare wird auf dem Weinheimer Marktplatz ein riesiger Schneemann verbrannt. Mitten unter den zahlreichen Zuschauern steht Tante Karin und hebt ihre Babypuppe hoch, damit ihr Liebling auch alles mitkriegt. Nachdem ein gewisser Paul mit Karin samt Kinderwagen durch einen öffentlichen Park nicht spazieren gehen, sondern Spießruten laufen musste, hatte er anscheinend das Interesse an einer langfristigen Freundschaft verloren.

Der hiesige Sommertagszug hat eine alte Tradition und ist nicht nur für die jüngeren Kinder ein fröhliches Fest. Verkleidet ziehen sie mit Frühlingssymbolen durch die Straßen und tragen einen mit bunten Bändern umwickelten Stecken, an dem ein Ei, eine Brezel und ein Buchsbaumbüschel nicht fehlen dürfen. Begleitet von der Stadtkapelle singen sie *Winter ade* und *Alle Vögel sind schon da.* Yves und ich lehnen uns weit aus dem Fenster hinaus und stimmen gemeinsam mit vielen anderen an:

Strih, Strah, Stroh, de Summerdag is do!

Zitatnachweis

Seite 146 und 148: Johannes Brahms, *Sieben Lieder für Gemischten Chor, op. 62.* Text von Paul Heyse

Seite 221 ff.: Eugen Roth, *Ein Mensch. Heitere Verse.* Carl Hanser Verlag, München, 2022

Der Nachweis für die zahlreichen Zitate aus dem *Goldenen Familienbuch* lautet:
Das Goldene Familienbuch oder der köstliche Hausschatz für jede Haus- und Landwirtschaft und für Jedermann. Achte, sehr vermehrte, verbesserte und mit den neuesten Erfahrungen bereicherte Auflage. August Schröter's Verlag, Ilmenau in Thüringen